老祖宗说汉字

严军 著

浙江古籍出版社

前言

夏天晚饭后，院子里，星空下，听爷爷摇着扇子讲过去的故事。蝉鸣声声，偶尔有蚊子叮咬两口，黑夜中，凉风吹来，也吹来那些陌生又熟悉的事情。陌生是因为我们从未经历过，熟悉是因为来自我们老去的或者逝去了很久很久的亲人。“天阶夜色凉如水，坐看牵牛织女星。”小时候我们用聆听爷爷辈的故事，仰望辽阔的星空，打发用不完的精力和无处释放的想象力。我们就在那一刻穿越时空，接触到了过去，体验着当下，又对未来无限向往。

每个人心里都有一块童年圣地，它供人们在那里安静地倾听，自由地想象。而编写这套“老祖宗说”也正是起源于这样的情怀。也许你是一个人倾听，也许是兄弟姐妹围坐在一起倾听，我希望亲爱的读者，你，在听爷爷讲故事的心境和氛围里来倾听我们共同的“老祖宗”，给你讲讲中国先人的那些人、那些事。也许首先你会觉得新鲜，然后觉得似曾相识，甚或发现我们的内心，找到自己依傍的信念、灵魂中回响着的祖先的声音。

为此，编者特请了六位对传统文化有深入了解的作者，从中国传统文化中挑选了六道大菜呈上，让“老祖宗”来说说中国古代的节令、饮食、游艺、礼仪、汉字和书法。“老祖宗”将借助历代典籍、诗歌、书画、文物等讲述我们先人的生活，也会提及那些“旧东西”在今天的变体。

万事都有自己的根源，不可能凭空而生。“老祖宗说”这套书，就是想带你追索我们共同的民族记忆，顺着凭我们自己难以寻觅的瓜藤，去摸一摸那只“古老的瓜”。那么，就搬来椅子、板凳甚至席地而坐，一起来听听“老祖宗”说了些什么吧！

序

文字是记录语言的符号，也是文明社会的标志。人类最古老的文字有苏美尔楔形文字、埃及图画文字与中国的象形文字，如今前两种文字早已消失在历史的长河中，而汉字历久弥新，代代相传，具有强大的生命力。

浩如烟海的中国古代文献多半是用汉字书写的，中国古代文明因汉字而得到很好的保存。美籍华裔学者唐德刚说：“（汉字）保留了十九世纪以前人类最丰富的记录，总量超过人类文明史上所有其他文字所保留的总和。”我们要从老祖宗留给我们的古籍中，去了解和学习中国传统文化。老祖宗创造的汉字体系，是经过长时间的酝酿与演化的结果，富有智慧而且颇有趣味，可以说每一个字都蕴含着相当大的信息量，从中我们可以窥见古人生活的各个场景，去细细品味灿烂光辉的中华古代文明。

人生学习自识字开始，汉字数量惊人，需要我们不断去学习积累。古人识文断字自童蒙起，传统的语文教学就是从汉语与汉字开始的。古代儿童六岁左右上私塾，周代学童学习的是《史籀篇》，而秦代《仓颉篇》、南朝《千字文》、宋代《三字经》《百家姓》等都是童蒙识字课本，他们在学习汉字的基础上背诵经典，获得知识，进而知晓伦理道德。

汉字有自己的形体、读音与意义，组合起来更是魅力无穷，如作家余光中在《听听那冷雨》中所写：

杏花，春雨，江南。六个方块字，或许那片土地就在那里面。而无论赤县也好神州也好中国也好，变来变去，只要仓颉的灵感不灭，美丽的中文不老，那形象，那磁石一般的向心力当必然长在。因为一个方块字是一个天地。太初有字，于是汉族的心灵他祖先的回忆和希望便有了寄托。

汉字表达的意境妙不可言，而用字是那么精练。比如马致远《天净沙·秋思》："枯藤老树昏鸦，小桥流水人家，古道西风瘦马。夕阳西下，断肠人在天涯。"小令仅五句二十八个字，每个字都是凝练的表达，字有限而意无穷。藤用"枯"字修饰，树用"老"形容，乌鸦用"昏"衬托，三个字一起头就定下苍凉萧索的基调。"小桥流水人家"六个字表达了作者思乡的情怀，恬静温暖的家，那是游子心中永远的牵挂，绵绵思念剪不断，理还乱，才下眉头，又上心头。"古道西风瘦马"六字一组，惜字如金，古道悠长，西风萧瑟，瘦马羸弱，何等凄凉，此景与"夕阳西下，断肠人在天涯"十个字的铺叙相得益彰，以景衬托哀情，情景交融，体现了羁旅之艰难，悲秋之愁苦，顿时给人一种身临其境的感觉，也让我们体会到汉字的无穷魅力。

本书旨在介绍汉字的基础知识，从中国传统语文学角度，阐述汉字的起源、流变、性质、构成方式，以及与中国传统文化的关系。在传递汉字知识的同时，辅之以汉字的实例，以求唤起读者的阅读兴趣，掌握基本的汉字知识，为读懂古书，了解中国古代文化打下基础。愿每个读者阅读此书，都能从中品悟到汉字的智慧与奇妙！

严　军

2017年5月

目录

第一章 汉字起源及演变

汉字之源

第二章 汉字的构成方式

汉字之理

第三章 汉字性质及音形义的关系

汉字之性

第四章 汉字与中国文化

汉字之妙

走进中华传统文化

畅享华夏文明之旅

第一章

汉字起源及演变

金文

草书

篆书

甲骨文

隶书

楷书

行书

隶书

汉字起源

野寺荒台晚，寒天古木悲。
空阶有鸟迹，犹似造书时。
——唐·岑参《题三会寺仓颉造字台》

汉字起源

汉字，承载着华夏的文明，见证着中华的传统。汉字是怎样产生的呢？又是谁发明的呢？关于它的起源，自古以来便有许多传说与种种不同的见解。

据说，在很久以前文字还没出现时，古人用绳子打结的方法来记录大大小小的事情。如早上部落里的男人出去打猎，若这一天共抓到七只鸟、五头鹿，就找两根细绳子，一根打七个结，另一根打五个结，以此记下这天的收获；隔天有位青年抓了六条鱼，又找一根绳子，打上六个结，就这样把找到的食物用绳子打结的方法记录下来，便于统计与分配食物。

《易·系辞下》有言："上古结绳而治，后世圣人易之以书契。百官以治，万民以察。"孔颖达疏："结绳者，郑康成注云，事大大结其绳，事小小结其绳，义或然也。"这段话指出上古文字没有发明的年代是用结绳记事的方法来治理天下的，后来德才兼备的人发明了文字，用来代替结绳记事。这类文字最初是用刀刻在陶器上或是龟甲兽骨上。文武百官凭借文字来治理政事，百姓们通过文字来知晓事理。事大就打一个大结，事小就打一个小结，意义大概就是这样。

东汉许慎在《说文解字》中也说：“神农氏结绳为治而统其事。”这种结绳记事的方法，古代印加人也用过，绳子形形色色，粗粗细细的，有树皮绳、草绳、麻绳、毛编绳，形状有条索状的、网状的，还有带坠子的。各种绳结的含义，大概也只有结绳的人才心里有数。到后来结绳记事也不比文字简单多少，要有一套约定俗成的绳结语汇，才能让人看得懂。所以结绳记事只是在单纯朴素的远古时期通行一时，当人类进化到农耕时代，要处理的事情很多，这种方法就不够用了，于是书契慢慢取代了结绳。书契即指文字。

▲ 结绳记事

文字产生后，人们对结绳记事的情结依然挥之不去，宋代词人张先在《千秋岁》中写道：“心似双丝网，中有千千结。”有多少结就有多少情感、多少心事。汉字出现后，许多聚集起来的事都用到“结”，比如结盟、结社、结晶、结交、缔结、团结、凝结，这可能就是上古绳结记事的影响已经深深沉淀在汉字的基因中的标志吧。

关于汉字的起源，流传最广的是关于“仓颉造字”的传说。仓颉是个被神化了的古人，民间传说中仓颉以两种身份出现，一种说法是仓颉在黄帝时期被任命为左史官，负责记载部落联盟的政事和首领的言行。还有一种说法是仓颉曾经自立为帝，号仓帝。有一天，他率领手下巡狩部落领土，向南翻过了阳虚山，又沿着洛河向东，走到洛水与黄河交汇处的洛汭，坐在河边休息，水波盈盈，微风吹拂，感到十分惬意。忽然，随行者叫了起来：“咦，那里有个大龟游过来了。”他抬头望去，只见水中有一只大龟，正抬头朝自己游来。到了岸边，灵龟恭恭敬敬叩头，把背上驮的东西交给仓颉。那片片龟甲上写了许多青黑文字，给予仓颉不少启示。

仓颉创造文字的过程，不少古文献有记载。如西汉末年的谶纬之作《春秋元命苞》写道：

> （仓颉）龙颜侈哆，四目灵光，实有睿德，生而能书，及受河图绿字，于是穷天地之变，仰观奎星圆曲之势，俯察龟文鸟羽山川，指掌而创文字。天为雨粟，鬼为夜哭，龙乃潜藏。

仓颉有着神龙一样的相貌，丰神俊逸，伟岸超群，居然长着四只眼睛，炯炯有神，灵光四射，富有智慧与德行。他呱呱落地后，就让父母大吃一惊，没人教他就会写字。仓颉从小就非常有好奇心，等到学习了河图上的绿色文字，让他深受启迪，穷根究底要弄清楚天地变化的规律。仓颉时常在夜晚仰面长久地观察在天空中闪烁的群星，那无垠的星空中每个星座都有自己不同的形态，他把目光集中到奎星圆润弯曲的态势。他走过许多美丽的地方，时而俯看龟甲上的美丽花纹，时而为鸟儿五彩斑斓的羽毛所吸引。他观察山脉河流起伏跌宕的形态，试图用图文符号来描述这些不同的事物。在没有纸和笔的年代，他在自己的手掌上比划揣摩事物的形状，尝试用最简单的线条组合来表示每一种东西的特征。就这样，他从林林总总、变化无穷的事物中，得到灵感与启迪，创造了丰富多彩的汉字。他的发明让天上的神祇也为之惊叹，下起了谷子雨作为奖赏。有人听到

▲仓颉

鬼怪在夜里哭泣起来，看见神龙悄悄地潜藏起来，因为他们害怕文字会记录他们的一举一动，暴露他们的行迹。

《荀子·解蔽》曰：“故好书者众矣，而仓颉独传者，一也。”爱好写字造字的人很多，但只有仓颉一人为后人知晓，那是因为他用心专一的缘故。荀子曾在齐国国都临淄的稷下学宫担任祭酒，是这所官办的高等学府的主事者，学富五车，见多识广，他说汉字不是仓颉一人所创造的，是非常可信的。但仓颉数十年如一日，心无旁骛，在文字的创造与整理上作了最大的贡献，渐渐地，大家都不提创造文字的其他人，而只说仓颉造字了。如《吕氏春秋》言：“奚仲作车，仓颉作书，后稷作稼，皋陶作刑，昆吾作陶，夏鲧作城，此六人者，所作当矣。”书中把奚仲发明马车、仓颉造字、后稷发明农耕技术、皋陶修订刑法、昆吾发明制陶术、夏鲧建造城池的贡献相提并论，战国末年许多文献已经不像荀子那样说“好书者众”，而只提“仓颉作书”了。仓颉成了文字创造者的代表人物。

也有人认为文字起源于图画。20世纪30年代，文字学家唐兰在他写的专著《古文字学导论》中明确提出中国文字起源于图画。他研究了出土文物中辛店文化时期陶瓮上的马、犬、鸟、车轮，发现这几个描画逼真的图形就是早期的象形文字，同时他认为夏代初年留下一些历史记载，这些资料只有文字产生后，才能记得这样传神有趣。大汶口文化凌阳河等遗址发现了5件陶尊上有与早期汉字结构很相像的图画符号，很像汉字最早出现的象形字。唐兰认为这就是早期文字，大约起源于距今6000多年前。他在《中国文字学》一书中写道：“象形文字是由图画演化来的，每一个图画文字的单位，原本是一个整体，并不是由一点一画凑起来的。例如‘刀’字的古文就画一把刀，‘止’字的古文就画一个脚印，从什么地方能把它们分析成一点一画呢？”他认为文字往往倾向于简易，所以甲骨卜辞线条占优势，到了籀文小篆，字形逐渐固定，笔画更加整齐，中国文字就好像是一堆记号了。著名学者裘锡圭、李学勤、高明都是这样认为的，所以这一学说也是很有影响的。殷墟甲骨卜辞与商周时代的金文中也有古老的象形字，这种“文字画”与原始图画很像，比如商王对祖先行“登”祭，“登”甲骨文写作，像两手捧着豆形器进献食物之形。

也有人认为文字起源于刻画符号。刻画符号最早是在新石器时代出土的陶器上发现的。汉字没有产生以前，古人曾经创造出一些记事符号，稚拙有趣，有直线的，有弯曲的，有三角形、长方形、鱼骨形、花鸟形的，千姿百态，每个符号都代表一种事物，记录他们生产、生活的需要。这些刻画符号，有的是陶器入炉烧制前刻上的，也有陶器烧制好了再刻上的。1940年前后，美国收藏家弗列茨·比芬格来到杭州。有一天，他在附近市镇转悠，看到一件良渚文化时期的陶壶，神奇的是，壶身上刻着一行像图画一样的陶文，让他非常惊喜。

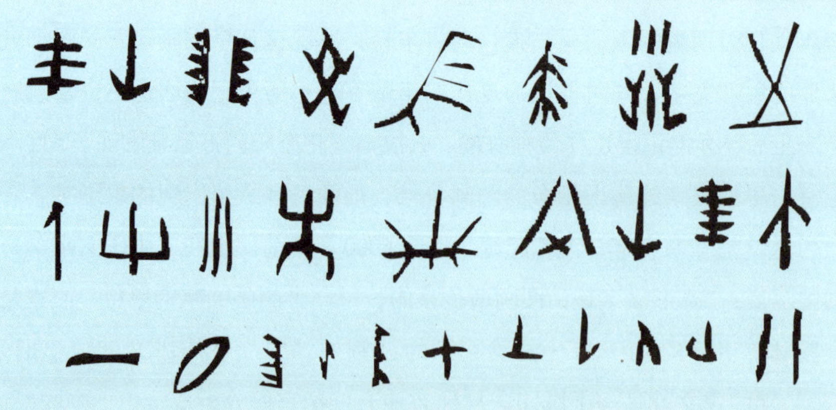

▲仰韶文化遗址中出土陶器上的刻画符号

▲ 刻有文字符号的彩陶

20世纪50年代后，中国成立了多支考古队伍，分赴全国各地。他们在陕西西安半坡遗址，临潼姜寨遗址，上海崧泽、马桥遗址以及近年来湖北宜昌杨家湾遗址，河南清水滩、贾湖遗址等出土的新石器时代的陶器上发现了很多刻画符号。

其中，1952年在西安半坡遗址出土的陶器，上面的刻画符号有二三十种。这些符号都是以单独出现的形式刻画在不同的陶器上，用同位素探测仪探测，距离今天已经有6000多年的历史。不少学者认为这就是萌芽期的汉字，是我国最早的文字符号。这些字看来接近于抽象符号，结构简单，书写稚拙谨严，有一定的章法，横画从左到右，竖画从上到下，撇画从右上到左下，捺画从左上到右下，与后来的汉字书写规则一样。

另外，甘肃秦安大地湾遗址一期出土的陶器上也有与西安半坡遗址相似的陶文。这批陶文有十多个，刻画在彩陶器皿的内壁和外壁上，时间大约在7350年前，要比半坡陶文早1000多年。其中有好几个陶文与半坡陶文字形相同，有专家认为，这些陶文可能就是中国文字最早的雏形。

仰韶文化遗址发现的符号一般是在黑色带纹样的陶钵的口沿上，到了马家窑文化遗址，这里发现的陶器刻画符号是用彩色颜料描画在陶壶与陶罐上的。全国各地出土的陶器刻画符号先后发现有几百种，但线条都比较简单，考古学家们认为这很可能是制陶成为手工业后，一个氏族或者一个家庭共同制陶，要给自己的陶器刻上标记，以表示与别家的不同。这种刻画符号是陶器的主人或者制作者的专门记号，有些是随意变换的，有些是固定的。郭沫若在《古代文字之辩证的发展》中指出："彩陶上的那些刻画记号，可以肯定地说就是中国文字的起源，或者中国原始文字的孑遗。"古文字学家于省吾《关于古文字研究的若干问题》对陶器刻画符号也发表了自己的意见："这种陶器上的简单文字，考古工作者以为是符号，我认为这是文字起源阶段所产生的一些简单文字。仰韶文化距今得有六千多年之久，那么，我国开始有文字的时期也就有了六千多年之久，这是可以推断的。"这些陆续发现的刻画符号可分为象形类与抽象类两种。

▲ 猪形刻画符号

从文字的性质看来，大家更倾向于中国文字起源于象形类的刻画符号与图画图案，而不是抽象类的刻画符号。中国文字犹如一个婴儿慢慢成人，有一个从萌芽到成熟的发展过程，文字的功能是记录历史事件与社会生活，满足管理与交流的需要。"文字性符号""文字画"是汉字的源头，后来才发展到记录语言的正式文字问世，出现了专门研究这一行的人，今天创造一个字，明天创制一个字，积少成多，集腋成裘，形成了一个中国独特的文字符号系统。从出土的陶器刻画符号与殷墟甲骨文形体比较情况来看，有学者认为中国最早的文字性符号是在距今9000—7500年的河南舞阳贾湖新石器时代遗址出土的三件龟甲上发现的，上面刻着三个符号，其中一个龟腹甲上刻着一个横着的如人眼形状的符号，与殷商甲骨文的"目"字相似。几千年后，这个象形符号在良渚文化遗存中也曾发现，说明这是一个已经定型的文字。

8000—7000年前的裴李岗、大溪文化时期也出现了一些文字性符号，距今六七千年的仰韶文化及大汶口文化时期出现了不少陶器刻符，有些专家认为这些刻画符号已经具有文字的功能与性质，而汉字体系的初步产生是在距今4500—5000年之间的龙山文化时期，也就是传说时代的尧舜至夏初时期。考古工作者在大汶口文化晚期出土的陶尊上发现的象形符号，经于省吾、唐兰、裘锡圭等学者考察认定为早期的汉字。裘锡圭认为这些符号“跟古汉字的相似程度是非常高的，它们之间似乎存在着一脉相承的关系”。此后，经过多年的演化，在商代出现了最早的成熟文字——甲骨文。

▲大汶口文化时期的红陶猪形壶

卜辞契于龟骨，其契之精而字之美，每令吾辈数千载后人神往。

——郭沫若《殷契粹编》

甲骨文

汉字从产生到现在已有近5000年的历史，在漫长的发展演变过程中，汉字不论是字体还是字形等方面都发生了巨大的变化。

汉字形体随着社会的发展、历史的变迁而演化，形成丰富的形态。学术界对汉字形体的变迁，有着比较一致的看法。我国著名古文字学家裘锡圭在《古文字概要》中认为汉字字体的演变可以分成古文字和隶楷两个阶段，前一阶段起自商代终于秦代，历时1100多年；后一阶段起自汉代一直延续到现代。这是一个大概的划分，目前多数学者也认可将汉字演变史分为两个阶段，一个是古文字阶段，一个是今文字阶段，两个阶段之间有过渡阶段。古文字阶段的文字形体有甲骨文、金文、篆书。今文字阶段，即隶楷阶段，文字形体有隶书、草书、楷书、行书。

▲ 甲骨文

甲骨文是殷商时期盘庚至帝辛时的卜辞和记事文字，时间跨度为公元前1300至公元前1046年，距今3000多年，是商周时代的人刻写在龟甲与兽骨上

的文字。因皆为契刀所刻，所以甲骨文最早被称为契文，后来又用过不同的称呼，如占卜文字、殷墟文字、甲骨刻辞等。甲骨之甲，指的是龟的腹甲和背甲；甲骨之骨，主要指的是牛骨，其他动物的骨头少见。

甲骨文最早发现于清代光绪年间。那时，河南安阳小屯村的农民生活非常贫苦。村里有个剃头匠叫李成，一次身上长了很多疥疮，又痛又痒，流血流脓，每天都在受苦，又没钱求医问药。一天，他想到自己前些日子在地里刨出一些甲骨，据说那东西磨成粉能治疗刀伤。他想试试用来治疗自己的疥疮，至少可以吸干每天从疮口流出来的脓血，减少痛苦。他磨了一些甲骨粉，敷到疥疮上，慢慢地疮口居然不再流脓血，逐渐愈合了。这以后，他一边以剃头为业，一边把一些小片甲骨磨成粉做刀尖药在每年春天的庙会上出售。他还把整批的甲骨试着卖给安阳县里的药材铺。药铺老板查了药典，弄清楚这原来是“龙骨”，就以每斤六文钱的低廉价格收了下来。李成拿到了卖龙骨的收入，可以补贴生活开支。这个消息在四邻八乡传开以后，乡亲们都把挖到的甲骨送到中药铺去，换取现金。

到了光绪二十五年（1899），甲骨被商人贩卖到北京药铺出售。当时的国子监祭酒（清代中央教育机构的最高长官）王懿荣因患疟疾请京城里一位深谙药性的老中医开了药，而后差遣手下到宣武门外达仁堂药铺抓药。偶然间，王懿荣发现一味“龙骨”的药材上居然刻有一些符号，这引起了他的好奇。这些符号似乎像文字，于是他立刻派人把药铺里所有带刻痕的龙骨都买了下来。王懿荣平时就酷爱金石，通晓彝器铭文，对古文字有较深的造诣。经过一番研究，他认为这些刻痕是殷商时期的一种文字。

从此，古董商人嗅到了商机，当时山东潍县有个姓范的商人，也跑到小屯村，打听地里挖出了东西没有，专门要收购有字的甲骨。于是，李成与村里人就把有字的甲骨拿了出来卖给范姓商人。王懿荣在范姓、赵姓古董商人的手里买到了千余片有卜辞的龟甲兽骨，可惜不到一年，他以国子监祭酒任团练大臣身份参与京城防守事宜，因八国联军侵入北京而投井自杀了。王懿荣死后，他之前收集的甲骨大部分为刘鹗所得。

1908年，清末从事甲骨文研究与传播的考古学家罗振玉追根溯源，找到出土这批龙骨的安阳小屯村，先后三次派人实地勘察，搜集了更多的带卜辞的甲骨，并深入研究，完成了《殷墟书契》前编、后编、续编等著作，甲骨文得以闻名于世。此后，考古发掘和私家挖掘并行。1928年到1936年间，殷墟共进行了十多次的考古发掘，找到有字的甲骨6500多片。直到1936年6月12日，最激动人心的时刻来临，在一个后来被命名为H127的灰坑中，仅仅半个小时就发现了3000多片有字的龟板，因底下层层叠压，还有很多，考古学家决定索性将这个灰坑整块挖出，运往南京。这一次就清理出有字甲骨17000多片，完整龟甲300多片。此后这里又进行了多次挖掘，至今累计发现有字的甲骨十万多片，大部分发现在殷商时代遗址——殷墟中，范围包括小屯村、侯家庄、花园庄。这里曾经是殷商王朝后期都城，从商王盘庚迁都的公元前14世纪到商纣王被灭的公元前11世纪，商王朝270多年的历史都凝聚在这些甲骨文中，其中大部分是商王的占卜记录。

商代的统治者迷信鬼神天命，国家大大小小的事都要通过占卜决定，预测吉凶祸福。占卜时，第一步在龟甲兽骨上钻出深而圆的小洞，第二步在钻孔的一侧凿出枣核形的槽，第三步是用火在钻凿过的地方烧灼，这样龟甲兽骨上就会出现各种形状的裂缝。占卜的人观察这些裂缝，旧称为“兆”，来判断吉凶，并把卜辞刻在兆纹附近。这就是甲骨卜辞形成的过程。

甲骨文的内容非常广泛，包括气候、天象、征伐、祭祀、打猎、农业、疾病等。至今，专家共发现不同的甲骨文4000多个。经过多年的研究，已经识别出来的甲骨文有2000多个，其中形声字已经占到近三分之一，可见甲骨

文已经是一种比较成熟的文字系统。甲骨文多数为刀刻而成，少数为毛笔一类工具书写，所以笔画瘦劲，方折笔多，字形结构大小不一，细部繁简不定，但并不影响字形的对称与稳定。字形以象形为主，以模拟事物形体为主，所以可以有参差错落的线条变化与空间构造。

甲骨文的形体特点是怎样的呢？国学大师姜亮夫在《古文字学》一书中指出，在甲骨文中绝大多数的字虽已定形，全部字大都有了一定的“母型”，但同一个字的形体还是存在着差别的。他举出八点不同之处，其中第一点是细部的繁简不定，如“鹿”在《甲骨文编》中就有60多种形体，部分形体如：

从中可以看出，甲骨文“鹿”字“母型”是从鹿的角、头、足特征的勾勒中提炼出来的，比较固定，但字的细节上却常常有一点变化，笔画繁简不定，率性随意地书写。第二点是部位正反不定，如“昔”字部分甲骨文形体：

由图可见，“昔”字的部位上下易位，“日”可以在上面，也可以在下面。除此，还有内外、左右易位的情况。第三点是偏旁不定，偏旁或有或无，或者可以互换。如“福”字部分甲骨文形体：

可见甲骨文的构形系统还没有完全成熟，形体结构不固定，变体数量较多，一个字常常有多个变体。从《甲骨文编》收录的字来看，“鸟”有20多个变体、“龙”有40多个变体、“凤”有100多个变体、“福”有170多个变体。姜亮夫讲到的“母型”，就是一个字的定型部分，在甲骨文中字形的组合有三种：第一是选择不同的偏旁区别构意。第二是通过构件相对位置不同区别构形。如“本”“末”这两个字，在“木”的上下位置加“一”，构成不同的字形，表达不同的意思；再如“从”由两个同方向的“人”构成，而“北”由两个相反方向的“人”构成。第三是同样的偏旁通过数量不同构形。如一个木是“木”，双木成“林”，三木成“森”。

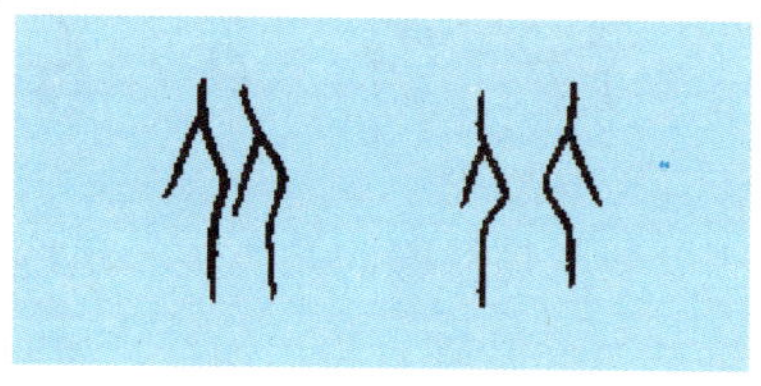

◀“从”和“北”甲骨文

甲骨文构形系统具有早期汉字的特点，变体数量多，正如学者赵诚所说：“根据汉字发展的大势看，愈古老的系统，形体差别愈丰富，分类愈多，特殊而例外的现象愈复杂。与此相应，规范性就要弱得多。”

甲骨文图画性很强，注重突出事物的特征，字形大小与笔画繁简按照表达对象来定，不那么规整，有时一个字会占好几个字的位置。因为用刀刻在甲骨上，笔画粗细不一，而且以方笔为主，古朴浑厚，变化无穷。有学者认为，甲骨文已经具备了书法三要素：用笔、结字、章法。

郭沫若在其所著的《殷契粹编》一书中曾称赞甲骨文：“卜辞契于龟骨，其契之精而字之美，每令吾辈数千载后人神往。”甲骨文基本字形结构与后世汉字相一致，是汉字的较早书体，也证实了汉字拥有十分悠久的历史。

金文又称钟鼎文，是铸刻在青铜器上的铭文。

金文

先秦古人称铜器为金，金文特指青铜器上的铭文，而不包括同样为金属材料所制作的玺印、货币、铜镜上的铭文。商朝后期流行在青铜器上铸刻文字，到周代蔚为大观。当甲骨文随着商王朝的灭亡而式微，取而代之的是金文，成为周王朝时期的主流文字。

一般人所讲的金文，以商周金文为主，也包括部分秦汉金文。青铜的乐器以“钟”为代表，礼器以“鼎”为代表，金文别名叫钟鼎文，这是因为青铜器铭文中“钟”与“鼎”上的铭文最多。至今，有铭文的青铜器已经发现一万多件。

金文是在西周时期才大量出现的，商代的青铜器铭刻文字数量不多。著名的如1939年3月河南安阳武官村出土的司母戊鼎，是迄今为止世界上出土文物中最重、最大的青铜礼器，因鼎的内壁铸有“司母戊”三个字而得名，现存中国国家博物馆。此鼎为长方形，鼎口长112厘米，宽79.2厘米，高133厘米，鼎壁厚6厘米，重875千克。此鼎用陶范法铸造而成，鼎身以云雷纹为地，四周浮雕刻出盘龙及饕餮纹样，造型厚重典雅，气势恢宏，纹饰美观，当时用了二三百名工匠共同完成，反映了中国青铜铸造的超高工艺和艺术水

▲后母戊鼎（原称司母戊鼎）

▲毛公鼎

▲毛公鼎铭文（局部）

平，成为当时镇国之宝。据学者考证，“司母戊”是商王文丁为祭祀其母戊而作。近年来，学者主张“司母戊”这三个字应当解读为“后母戊”，“司”字应作“后”字解，因为在古文字中，“司”与“后”是同一个字。鼎名应为“后母戊鼎”。大部分专家认为“后母戊”的命名要优于“司母戊”，“后”的意义相当于“伟大、了不起、受人尊敬”，与“皇天后土”中的“后”同义。改为“后母戊”，意思相当于：将此鼎献给“敬爱的母亲戊”。

西周金文传世很多，西周宣王时期的毛公鼎，现藏台北“故宫博物院”，高53.8厘米，重34.7千克，大口圆腹，铭文共32行497个字，为西周青铜器铭文字数最多的。毛公鼎的铭文字形美观，细长圆润，形态端丽，疏落有致，意趣横生，堪称典范之作。这个鼎最初是清道光二十三年（1843）陕西岐山董家村农民董春生在地里挖出来的，后辗转多人，历经古董商人苏亿年、金石学家陈介祺、两江总督端方、国学馆馆长叶恭绰等人之手，最后由巨贾陈永仁出资购得，于1946年捐献给当时的政府。

◀ 散氏盘

此外，大盂鼎铭文、散氏盘铭文也是金文中的上乘之作。

殷商金文具有浓重的象形性质，西周的金文则有明显的抽象化、符号化、逻辑化的倾向，这是文字发展的一种趋势。

从公元前770年到前476年近三百年的使用中，金文开始由整齐的西周金文演变成形体变异的战国文字。进入战国之后，有些青铜器上的文字是铜器铸好了之后，再刻上去的，也被前人归入“钟鼎文字”或“彝器款识”。

▲ 散氏盘铭文

金文是研究西周、春秋、战国时期文字的主要资料，也是研究先秦历史的珍贵资料。甲骨文笔道细、直笔多、转折处多，而金文笔画粗壮，肥笔较多，转弯处多圆转，字体整齐遒丽、古朴厚重，和甲骨文相比，脱去板滞，变化多样，更加丰富。金文的图画特征明显减少，文字符号特征有所加强，字形接近长圆，渐趋整齐，字体结构较为匀称。有的字及偏旁开始定型，异体字仍然存在，但相对减少。一般是从右往左直行书写，成为后世汉字书写的典型款式。

这些刻在铜器上的铭文，字数多少不等，所记内容也很不相同。其主要内容大多是颂扬祖先及王侯们的功绩，同时也记录重大历史事件。这种铭文，有的是凹下的阴文，有的是凸出的阳文。前者称为“款”，是“刻”的意思；后者称为“识”，是“记”的意思。所以金文也可统称为“钟鼎款识”。

金文上承甲骨文，下启秦代小篆，基本上属于籀篆体。这些文字在汉武帝时就已被发现，当时有人将在汾阳发掘出的一尊鼎送进宫中，汉武帝因此将元鼎定为年号。以后金文又陆续有所发现，宋代文人欧阳修、赵明诚都著书对金文作过研究和记载。

金文的字数，据容庚《金文编》记载，共计3722个，其中可以识别的字有2420个。因其流传书迹多刻于钟鼎之上，所以大体较甲骨文更能保存书写原迹，风格古朴，具有极高的艺术性。

（七国）文字异形，秦始皇帝初兼天下，丞相李斯乃奏同之，罢其不与秦文合者。斯作《仓颉篇》，中车府令赵高作《爰历篇》，太史令胡毋敬作《博学篇》，皆取史籀大篆，或颇省改，所谓小篆者也。

——汉·许慎《说文解字·叙》

篆书分大篆与小篆。广义的大篆除了前面介绍的甲骨文、金文，还包括六国古文与籀文。

六国古文指的是战国时代东方六国的文字。东汉许慎在《说文解字》中收集了许多不同时代的汉字形体，他将古文和籀文、小篆并举，认为这三种字体中古文是年代最早的一种。《说文解字》中收集了五百个左右的古文，其来源据许慎说："一曰古文，孔子壁中书也；二曰奇字，即古文而异者也。""壁中书"是汉代孔子家宅壁中发现的藏书，用六国文字写成，字体与小篆不同。"奇字"指的是古文中的异体字。王国维在《观堂集林·战国时秦用籀文六国用古文说》一文中指出："至许书所出古文，即孔子壁中书，其体与籀文、篆文颇不相近，六国彝器亦然。壁中古文者，周秦间东土之文字也。"古文与甲骨文、金文很多字形是不一样的。他认为，《说文解字》"全书中所有重文、古文五百许字，皆出壁中书及张苍所献《春秋左氏传》，其在正字中者亦然"。随着大量战国文字的出土，为古文与其他字体的比较提供了丰富的材料，证明王国维的说法是正确的。

籀文因周宣王时的史官史籀创制而得名，一般是指《史籀篇》里的文字。《史籀篇》是史籀编的周代学童用的识字课本，字体繁复端庄。王国维《史籀篇疏证》评价这种字体是“左右均一，稍涉繁复，象形象事之意少，规旋矩折之意多”。他说的字形特点就是大篆的体势。《史籀篇》原有15篇，可惜到东汉建武年间已经亡佚了6篇，所以许慎写《说文解字》时能看到的只有9篇，根据这些留下的篇章，他在《说文解字》中收录了220多个籀文，认为籀文与古文有区别。王国维认为，古文、金文的源头是一个，籀文字形与西周中后期的金文相像，一脉相承，是秦国系统的文字。史籀对西周中后期的文字做过整理，后来成为官方统一字体，一直沿用到秦始皇统一六国以后。

籀文的代表就是石鼓文。它是中国现存最早的刻石文字，所刻书体是秦始皇统一文字之前的大篆，即籀文。石鼓文是刻在鼓形的石头上的，发现于唐代初年的天兴（今陕西宝鸡凤翔）三畤原，共10枚，高度约90厘米，每块石鼓上刻着一首四言诗，共计700余字，内容有关秦国国君游猎之事。

小篆，属于春秋战国时代的秦国文字——秦系文字，也是秦统一六国后使用的官方文字。

秦统一中国前，六国文字繁简不同，异体字形很多，给各国之间的交流造成了麻烦。秦国与六国文化差别很大，春秋时期秦僻在雍州，偏居一隅，

石鼓

不参与诸侯国的会盟，秦国文字独具一格。秦始皇登基后，下令推行“车同轨，书同文”的政策，以秦国文字为标准，加以规范化，来统一全国文字。由于秦代只存在了15年，可以肯定的是“书同文”之“文”，也即小篆，并不是改弦更张、推倒重来，而是对春秋战国时期秦国使用的文字进行字形规范。许慎在《说文解字·叙》中对这次文字规范的过程是这样描写的：

> （七国）文字异形，秦始皇帝初兼天下，丞相李斯乃奏同之，罢其不与秦文合者。斯作《仓颉篇》，中车府令赵高作《爰历篇》，太史令胡毋敬作《博学篇》，皆取史籀大篆，或颇省改，所谓小篆者也。

大篆由于文字写法繁杂不便应用，加上原有秦、楚、齐、燕、赵、魏、韩七国，许多字各有不同的写法，管理不便。于是，秦始皇就命大臣们规范文字。当时由李斯、赵高、胡毋敬三人来担纲这次的汉字字形规范工作，推行的统一文字——小篆，是由大篆籀文简化而来。

东汉班固《汉书·艺文志》也曾记载：“《仓颉》七章者，秦丞相李斯所作也；《爰历》六章者，中车府令赵高所作也；《博学》七章者，太史令胡毋敬所作也。文字多取《史籀篇》，而篆体复颇异，所谓秦篆者也。”汉字的文字形体到小篆阶段，第一次在国家层面上有了标准规范化的过程，在汉字形体演变史上是一个里程碑式的贡献，为国家民族的统一奠定了基础。

小篆是秦代推行的标准字体，《泰山刻石》就是用了李斯题写的小篆。《泰山刻石》前半部分是秦始皇二十八年（前219）镌刻的，那一年秦始皇东巡泰山，刻了144字，后来到了秦二世即位后的第二年（前208），又刻了78字。《泰山刻石》上共刻字22行222字，其上所刻的小篆字体浑厚端庄，笔画劲健，结体修长对称，圆中见方。经过千年岁月侵蚀，到宋代政和四年

（1114）可以认读的还有146个字。到了明代嘉靖年间，北京许某将这个刻石移到碧霞元君宫东庑，只剩下了秦二世诏书4行29字。清代乾隆年间，碧霞祠烧毁，刻石消失不见了。直到嘉庆二十年（1815），泰安旧尹蒋因培与同乡柴兰皋在泰山顶的玉女池挖到两块残存的刻石，石头上只留下了10个字。李斯的《泰山刻石》拓本有明代安国所藏的宋代拓本，存165个字。这个本子现在在日本，是1940年日本文物收藏家中村不折从中国晚翠轩买去收藏的。日本《书苑》、二玄社《书迹名品丛刊》都有影印。如今岱庙碑廊陈列有清代聂剑光摹刻的明代拓本29字、徐宗干摹刻的旧拓本29字，我们从中可以看到秦代小篆的风貌。

小篆的形体的变化，主要表现为字形规范匀称，笔画圆劲，粗细一致，结构对称，上紧下松，美观大方。东汉语言文字学家许慎写作《说文解字》时搜集了9000多个小篆的字形，并加以系统的编纂与整理，把这些汉字列入540个部首里。今天要了解小篆的形体，首先要参考这部书，它全面系统地收集了秦系文字资料，至今为止依然是最重要的文字学要籍。

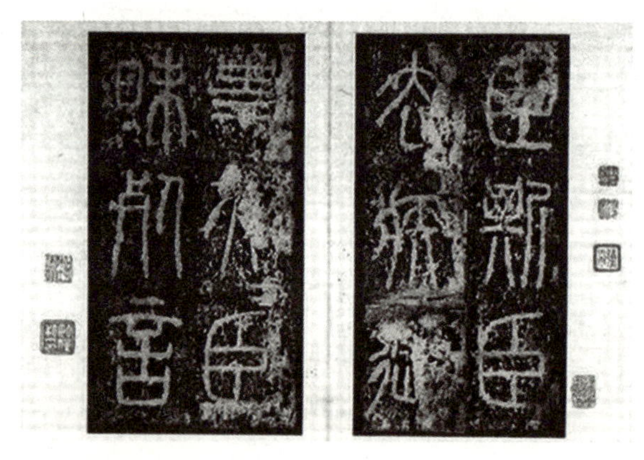

▲秦·李斯《泰山刻石》（局部）

秦既用篆，奏事繁多，篆字难成，即令隶人佐书，曰隶字。

——晋·卫恒《四体书势》

隶书又叫佐书、史书，是在篆书基础上，为适应书写便捷的需要产生的一种字体。它把篆书圆转的笔画变成平直方正，在结构上把象形笔画化，便于书写。西晋书法家卫恒在《四体书势》中说道：

> 秦既用篆，奏事繁多，篆字难成，即令隶人佐书，曰隶字……隶书者，篆之捷也。

隶书是古文字与今文字的分水岭，分“秦隶”和“汉隶”。隶书的出现，是古代文字与书法的一大变革。

关于隶书产生年代，东汉班固的《汉书·艺文志》和许慎的《说文解字》记载，认为隶书产生在秦代。唐代书法理论家张怀瓘在《书断》中说：“按隶书者，秦下邽人程邈所作也。”程邈为何人呢？他的生卒年如今不可知，但知道他是秦时下邽（今陕西渭南北）人，字元岑，做过狱吏，是个不起眼的小官。因其触犯了秦律，被关在秦巴郡云阳县（今重庆境内）的监狱里。当时秦始皇正推行“车同轨，书同文”的政策，下令将小篆作为全国的标准文字。小篆美观大方，线条流畅，但用在公文写作与日常交流上，书写速度却不那么快捷，费时费力，因此民间其实早已出现了各种简化的字体。程邈受了启发，想立功赎罪，早早出狱，就花功夫搜集秦与六国的各种汉字形体来一个个地琢磨，化繁为简，改圆为方，成为一种新的汉字形体——隶书，书写速度大大加快。

隶书这一名称，实际就是得名于程邈的官职，他是“胥吏”，属于“隶”这一类掌管文书的小官吏，故所创造的书体叫“隶书”。他先后整理创制了隶书3000字上奏，秦始皇看了程邈整理的文字，觉得比篆书实用，大加赞赏，于是赦免了他并放他出狱，还让他出来做官，封为御史。程邈创制的这种书体的特点是扁阔取势、结构简单、笔画平直、有了波磔，与小篆相比，书写方便，易于辨认，最初是用于监狱专用文书上的，供隶役使用。这段历史五代徐锴曾记载：

> 王僧虔云：秦狱吏程邈善大篆，得罪始皇，囚于云阳狱，增减大篆体，去其繁复。始皇善之，出为御史，名其书曰隶书。

这些记载虽然有传说成分，但可以肯定的是程邈对隶书的整理与定型贡献很大，所以我们的老祖宗将隶书首创的功劳归属于他。随着近代战国木牍、秦简的考古发掘出土，获得了大量的战国文字资料，隶书产生的年代又被上推到战国后期。2002年6月，湖南龙山县里耶古城出土了秦国简牍36000多枚，考古人员在一个早已废弃的枯井里挖掘出了这些秦国官署的档案，现在被称为“里耶秦简”，所使用的绝大部分文字字体属于秦隶。

战国时期，文化教育向社会各阶层传播扩散，识文断字的人多了起来，使用文字的人群除了王公贵族、官吏外，“士”阶层的崛起，商贾的活动，都

需要文字的交流，庶民阶层也在使用文字，并改变着文字，求简单、快捷、方便、实用成为打破端正规整的篆体的内在动力，渐渐地一种新型的字体出现了。战国晚期隶书的出现打破了篆书的规范，突破古代汉字圆线条特征的局限，弯弯的笔画变直了，圆润的形体变得方正了，逆笔顺写了，开始是局部笔画变化，亦篆亦隶，亦圆亦方，后来篆书的笔意荡然无存，自成一体，名叫隶书，一种新的书体就产生了。

四川青川出土的战国木牍，字的体势已经有隶书的雏形，结体由原来篆书的纵向伸展，变成横向取势，由修长变为扁方形或者正方形。笔画从圆转变为方折。而湖南云梦睡虎地出土的战国秦简，比青川木牍年代晚几十年，用笔出现波磔，点画介于篆隶形体之间，是隶书初期的形态。秦时有八种书写体，施用于办理文书事务的下层人员，即徒隶。秦代是篆书的鼎盛期，又是隶书的生长期，这一时期隶书渐渐在民间下层流行，虽然小篆是主要字体，但其端庄繁复，书写较慢，缺乏隶书书写快捷的优势，所以虽然隶书当时是徒隶下层人所用字体，秦统治者依然默许官府用隶书来处理日常事务。

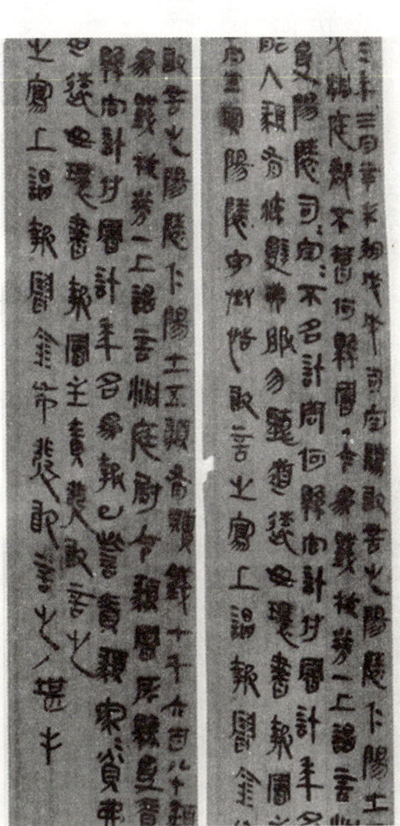

▲里耶秦简（局部）

西汉初期，篆书与隶书并用，隶书因为书写比篆书更方便，使用的人

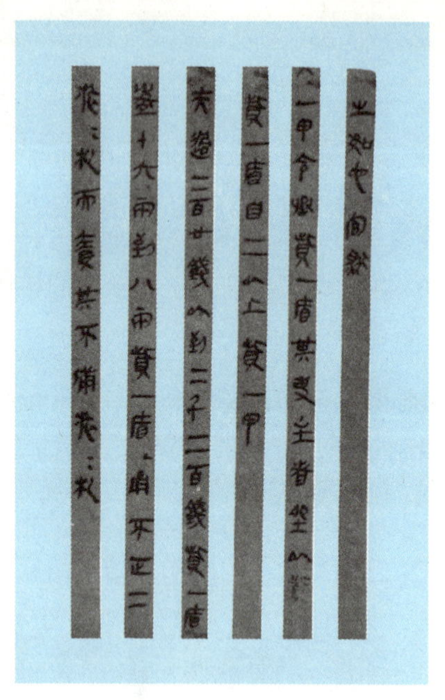

▲ 云梦秦简（局部）

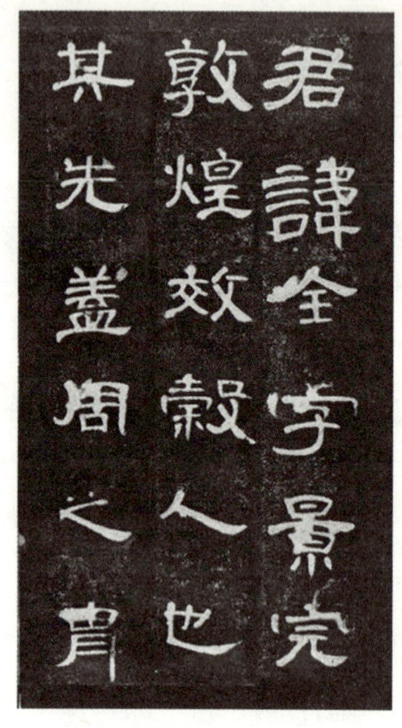

▲《曹全碑》（局部）

越来越多，渐渐取代了篆书的位置，成为通行的书体。《流沙坠简》《居延汉简》《武威汉简》等竹简上的隶书，是西汉前期与中期有代表性的隶体，在秦隶的基础上，运笔有篆书的圆润飘逸，也有波磔起伏，风格随意质朴。西汉晚期是隶书的成熟期，河北定县八角廊汉墓竹简上的隶书，与东汉时期的《史晨碑》《曹全碑》风格相近，笔法一致。

隶书从初创到成熟经过很长时间，始于秦代，在初创时期未臻成熟，此时的隶书称为“秦隶”，又称“古隶”；西汉中期开始至东汉，是隶书的成熟期，这时的隶书称为“汉隶”，也称“今隶”，由于它的撇、捺两个笔画向两边舒展，像个八字，所以又叫作“八分”。“八分”的完全成熟，应该是在汉昭帝、汉宣帝时期。

秦隶标志着我国的汉字形体从古文字阶段开始进入今文字阶段，从低级胥吏使用的字体，慢慢地发展为官方使用的字体；在形体上趋向符号化，象形演变为象征，图画演变成笔画，形声字更多了。

此乃存字之梗概，损隶之规矩，纵任奔逸，赴俗急就，因草创之意，谓之草书。

——唐·张怀瓘《书断》

草书形成于汉初，东汉许慎在《说文解字·叙》中就指出：“汉兴有草书。”追根溯源，在秦国俗体文字演变为隶书的进程中，出现了一些快速连写的潦草写法，时人纷起仿效，到后来约定俗成，逐渐形成了一种字体为“草书”。不过，其实当时通行的是草隶，即潦草的隶书。

一般认为，草书始创时是为隶书草率简省而成。它改造隶书的方法，据古文字学家裘锡圭研究，有三种：第一种是省去字形的一部分，如“時”省作“时”，省去“寺”旁的上部；第二种是省并笔画保存字形轮廓，如“爲”作“为”，“長”作“长”；第三种是改变隶书的笔法，相近的笔画大量使用连笔。草书字形简单，有不少字不易辨认，还常常容易相互混淆，所以并未取代隶书，成为主流书体。

对于草书出现的原因，可以从我国著名的文字学家唐兰《古文字学导论》对文字演变规律的精彩论述中得到启发：“在当时的民众所用的通俗文字，却并不是整齐的、合法的、典型的，他们不需要这些，而只要率易简便。这种风气一盛，贵族们也沾上了。”草书最初就是人们在实际应用过程中图方便、图快速而产生的。东汉书法家崔瑗《草势》说：“草书之法，盖又简略。”草书是个多义词，潦草的书写可以叫草书，而作为字体的草书，有比较严格的定义，指的是：“汉字形体演变过程中与隶书、楷书、行书相并列的形体独特的字体。”

一般认为，草书是解散隶书而形成的，实际情况是否如此呢？李永忠在《汉代草书与章草的关系》一文中提出，“汉代草书的两个来源，即草率的篆书和草率的隶书”。他认为草率的篆书与草率的隶书改造的方法相同：简化——改曲笔为直笔，化复杂的部件为简单的笔画；省略——省去字的笔画或构件；连笔——将相近笔画连笔书写。

书体意义上的草书，先后形成章草、今草、狂草三种体式。

唐张怀瓘《书断》“章草”条引用南朝宋王愔的话说：“汉元帝时史游作《急就章》，解散隶体粗书之，汉俗简堕，渐以行之是也。”相传章草是史游始创的。史游在汉元帝时期任黄门令，他破隶书之严谨规矩，挥笔疾书，粗率奔逸作《急就章》，笔画间架散逸，只保存字的梗概，后人称他独创的这种字体为章草。

张怀瓘说：“魏晋之时，名流君子一概呼为草，惟知音者乃能辨焉。”他指出，魏晋之时，一般人把所有草书统称草，混为一谈，其实只有内行的人才能明确分辨。我们今天怎么来辨别呢？启功《古代字体论稿》中的一段话指出了章草的特点：“汉代草书简牍中的字样，多半是汉隶的架势，而简易地、快速地写去。所以无论一字中间如何简单，而收笔常带出燕尾的波脚，且两字之间绝不相连……称为章草。”章草也是汉代草书的一部分，只是它显得更规范、美观而有一定的章法，它的典型特征是有波磔，所以渐渐流行开来。

章草进一步发展成为今草，省减了章草的笔画波磔，行笔自然流畅，字形十分简练。《书断》有言：“章草之书，字字区别；张芝变为今草，如其流

速，拔茅其茹，上下牵连。”汉末张芝脱去了章草中保留的隶书笔画行迹，点画与上下字之间的笔势往往牵连相通，偏旁减省或互相假借，成为今草。另外，今草有名的代表书家还有东晋的王羲之，他的草书常常一笔连写两三个字。此种笔势纵引的草法，扩展了草书的笔势之美，婉转流利，使字的笔画和形体变化更加丰富。

狂草，属于草书最放纵的一种，笔势相连而圆转，字形狂放多变，在今草的基础上将点画连绵书写，形成“一笔书”，在章法上与今草一脉相承。唐代的张旭和怀素便是狂草的代表书家。张旭的狂草左驰右骛，千变万化，极诡异变幻之能事。他传世的作品不多，可见到的有《肚痛帖》《古诗四帖》等。怀素的狂草继承张旭，而有所发展，谓“以狂继颠”。

由于草书字形过于简省，常人难以辨认，有损文字的交际功能，逐渐失去了它的实用价值，只能作为一种书法艺术供人欣赏。

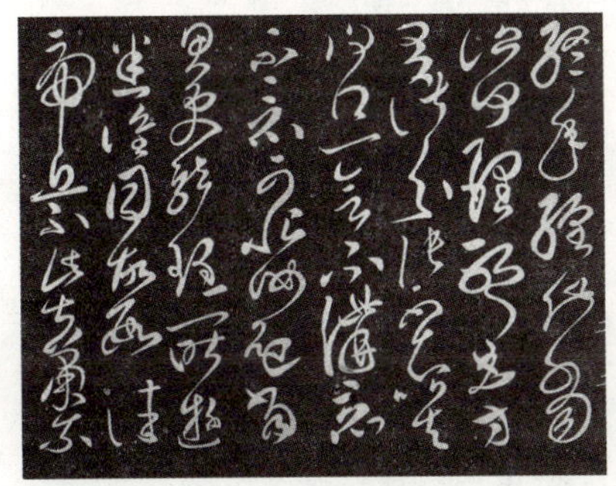

▲ 汉·张芝《终年帖》(局部)

▲ 唐·张旭《肚痛帖》

大率真书如立，行书如行，草书如走，其于举趣盖有殊焉。

——唐·张怀瓘《六体书论》

楷书又称为正楷、正书、真书，由隶书逐渐演变而来，更趋简化，字形由扁改方，简省了汉隶的波势，“形体方正，笔画平直，可作楷模，故名”。楷书出现始于东汉末年，成熟于魏晋南北朝，隋唐时期为繁荣期且基本定型，因其工稳端庄，实用性强，通行至今，长盛不衰。

世人公认楷书的创造者是三国时期著名的政治家、书法家钟繇。钟繇颇有谋略与胆识，在东汉末年获得丞相曹操的举荐，担任尚书仆射，后来又任侍中，以司隶校尉的职务督关中诸军，在曹操统一北方的大业中立下大功。曹丕以魏代汉，钟繇获得重用，被封为相国、太尉、平阳乡侯，与当时的名士华歆、王朗同时位列三公。魏明帝曹睿即位时，钟繇担任太傅，获封“定陵侯”，所以他被称为“钟太傅”。

▲ 钟繇

钟繇在书法上造诣很深，书法如“飞鸿戏海，舞鹤游天”。他少年时拜刘胜为师，习书三年，后来又跟随曹喜、刘德昇等著名书法家学习，博采众长，兼

善各体，精于隶书，独创楷书，在小楷上有很深造诣。后人评价他“隶行入神，八分入妙”，与东晋书法家王羲之并称为“钟王”。他的楷书还有从隶书脱胎而出的痕迹，小楷字体扁方，笔法古雅清劲，厚重简静，开创了汉字字体由隶书到楷书的新时代。

钟繇的小楷《宣示表》是流传至今最早的楷书作品。全帖共18行295个字，气韵生动，行距疏朗，字距稍密，笔画圆润，形态多变，笔势内敛，字体“势巧形密，胜于自运”。此帖较钟繇其他作品，无论是笔法还是结体，都更显一种较为成熟的楷书体态和气息，点画遒劲而显朴茂，字体宽博而多扁方，充分表现了魏晋时代正走向成熟的楷书的艺术特征。后人称赞他是“秦汉以来，一人而已”“真书绝世”，尊他为“楷书之祖”。他在汉字形体发展的历史上迈出了重要的一步，创立了新的汉字形体，在楷书发展的历史上影响深远。

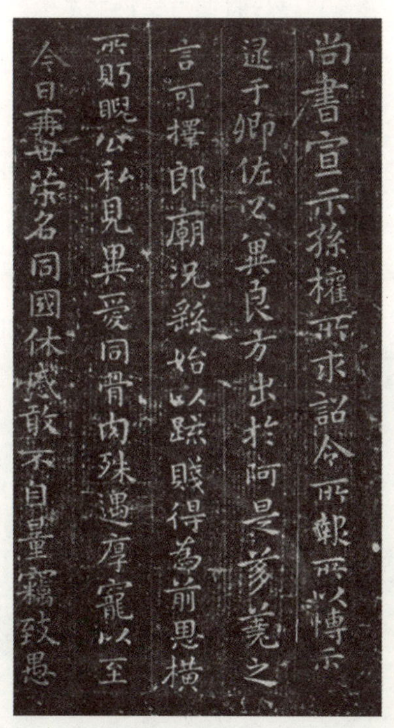

▲ 三国魏·钟繇《宣示表》(局部)

楷书按照时期划分，可分为魏碑和唐楷。魏碑是指魏晋南北朝时期的书体，它可以说是一种从隶书到楷书的过渡书体。钟致帅《雪轩书品》称：“魏碑书法，上可窥汉秦旧范，下能察隋唐习风。”魏碑书法经常带有汉朝隶书的写法在其中，因此它的楷书性质还不成熟，但正因为这种不成熟性，造成了百花齐放的局面，意态奇出，形成了一种独特的美，康有为评价有“魏碑十美”。魏晋时期涌现出大量的墓志、造像、摩崖，是楷书最富活力、最有个性的时期。而狭义的楷书则是指唐朝以后逐渐成熟起来的唐楷，亦如唐代国势的兴盛，真可谓盛况空前。当时书体成熟，书家辈出，唐初的欧阳询、虞世南、褚遂良，中唐的颜真卿和晚唐的柳公权，其楷书作品均为后世所重，奉为习字的典范。

学者王贵元曾说："楷体是以词的音义为依据的新字形体系建立后逐渐调整完善时期的字体。调整完善既包括笔画的抉择和完善，也包括部件形体、结构的抉择和完善，但主要是笔画的固定和完善，其中笔画和结构的美观也是衡量因素。唐开成石经是典型的楷体。"

王贵元认为，隶体时期汉字构形系统的主要任务是以新的书写形式打破篆体，楷体时期汉字构形系统的任务则是完善新的形体系统。东汉时期的字形篆体成分已经基本消失，所以隶体与楷体的分界定在东汉末年比较妥当。

楷书的基本笔画，有点、横、竖、撇、捺、提、折、钩八种，古人用"永"字的笔画去概括，称为"永字八法"。据说东晋大书法家王羲之曾用十五年时间专门研究"永"字的笔画，"以其八法之势，能通一切"，对后世影响很大。而且，王羲之悉心钻研小楷书法，使之达到了尽善尽美的境界，亦奠定了中国小楷书法倾向于优美的欣赏标准。

▲ 永字八法

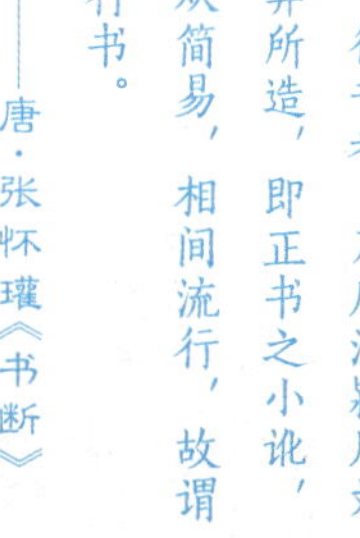

行书者，乃后汉颍川刘德昇所造，即正书之小讹，务从简易，相间流行，故谓之行书。

——唐·张怀瓘《书断》

行书便于书写，风姿多变，灵活实用，应用面最广，是东汉末出现的一种汉字新形体。据唐代张怀瓘所说，行书是东汉桓、灵帝时期著名书法家刘德昇创造的。他在书法理论著作《书断》中说：“行书者，乃后汉颍川刘德昇所造，即正书之小讹，务从简易，相间流行，故谓之行书。”张怀瓘这句话指出了行书是由正书（楷书）脱胎变化而成的，“行”描画出这种汉字形体的动态，生动流荡，就像生命自由行走时那样飘洒自如，流畅灵活。刘德昇的行书一问世，就以清逸不俗、灵秀柔美、风姿绰约的形态，卓然独立，傲视群芳，为当时社会所推崇。所以张怀瓘在《书断》说刘德昇“虽以草创，亦丰妍美，风流婉约，独步当时”，一时效仿者无数，争相拜他为师，学习书法。著名书法家钟繇、胡昭都曾跟随他习字练书，这段历史被记载在西晋书法家卫恒的《四体书势》一书中：“魏初，有钟、胡二家为行书法，俱学之于刘德昇。”南朝宋羊欣在《采古来能书人名》中记述了许多书法家，讲到刘德昇时是这样写的：“刘德昇善为行书，不详何许人也。颍川钟繇，魏太尉；同郡胡昭，公车征。二子俱学于德昇，而胡书肥，钟书瘦。”

我们对刘德昇的生平知道的很少，只知道他与钟繇是同乡，东汉末桓

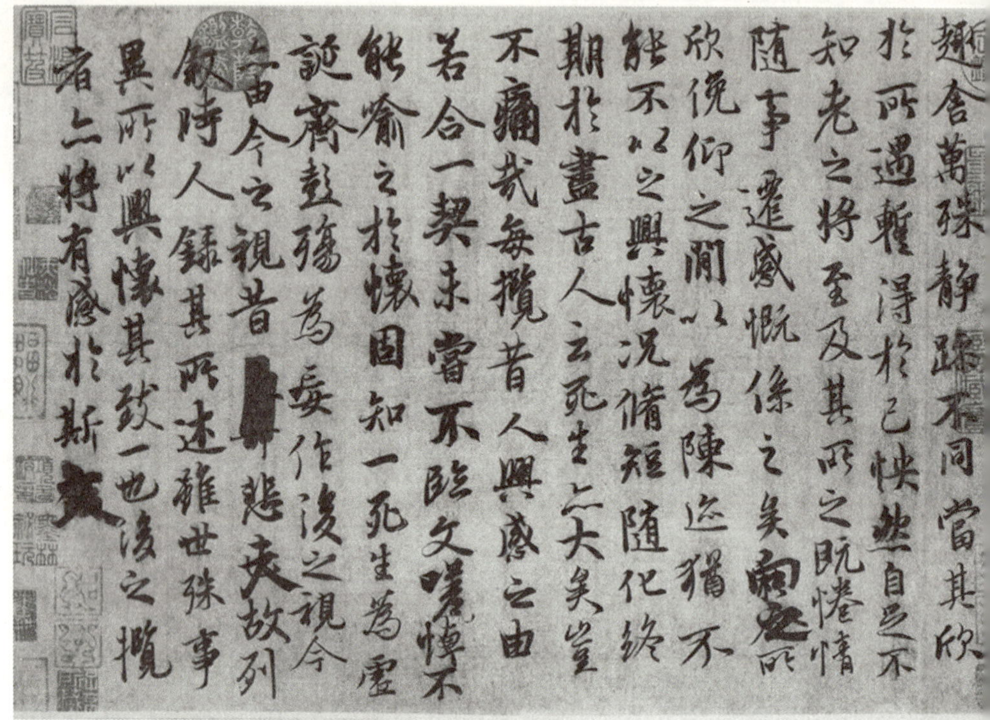

▲ 晋·王羲之《兰亭序》

帝、灵帝时期很出名的书法家，收了两个功名显赫的弟子。遗憾的是他创造的行书，没有流传下来，我们今天已经见不到了。但是在他六百年之后的张怀瓘是看到刘德昇的真迹了，所以带着倾慕的心情描写了他行书的种种特点，奉他为“行书之祖”。

也有学者表示，行书发明归功于一个人是不妥当的，认为一种字体的形成是不断积累，逐渐演变的。比如说，唐代韦续《墨薮·九品书》写到了唐以前的书法名家，其中汉萧何草隶、武帝行草、张彭祖行草等都是行书一类的书体。元代吕宗杰《书经补遗》卷二写到杜度“乃作稿书，钟繇更加精丽，谓之行书”。杜度，字伯度，东汉章帝时著名书法家，做过齐相。三国时魏国书法家韦诞评价他“杰有骨力而字画微瘦，若霜林无叶，瀑水迸飞”，连草圣张芝都甘拜下风。提到的这些书家，年代比刘德昇更早，足以将行书雏形出现的年代再上推到西汉，也说明行书不是刘德昇一人发明的，在他之前，已经有了很好的基础。刘德昇应当是对行书正式形成贡献最突出的一位

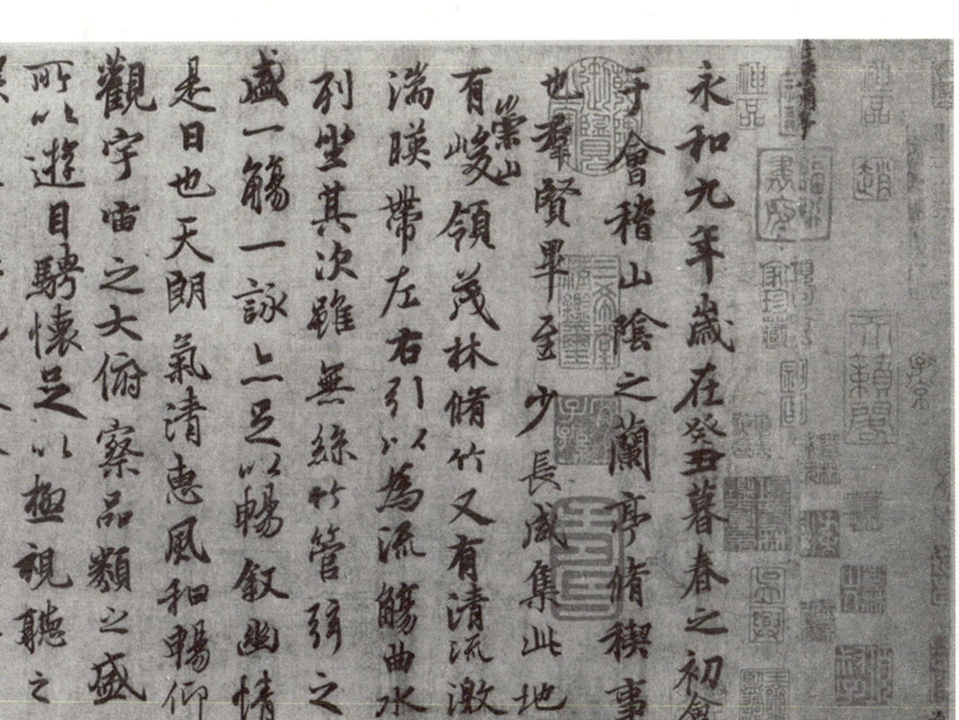

书法家。

明末清初书法家宋曹认为行书是从楷书发展出来的，他说：

> 所谓行者，即真书之少纵略。后简易相间而行，如云行水流，秾纤间出，非真非草，离方遁圆，乃楷隶之捷也。务须结字小疏，映带安雅，筋力老健，风骨洒落。字虽不连而气候相通，墨纵有余而肥瘠相称。徐行缓步，令有规矩；左顾右盼，毋乖节目。运用不宜太迟，迟则痴重而少神；亦不宜太速，速则窘步而失势。

而裘锡圭先生则认为，早期的行书来自于东汉后期出现的带有较多草书笔意的新隶体。他的推断也是有出土文物与文献根据的。比如唐代韦续《墨薮·九品书》提到东汉后期皇甫规之妻马夫人、赵袭、崔寔都擅长行隶，而这些书法家比刘德昇更年长。结合诸家观点与出土文献，可以确定行书产生的年代在汉魏之交。汉末行书的使用并不普遍，直到晋代，书圣王羲之才将行书发扬光大。他的《兰亭序》被誉为“天下第一行书”，“天质自然，风神盖代”。他书法的韵味与美感，犹如曹植的《洛神赋》中对洛神的描写：“翩若惊鸿，婉若游龙，荣曜秋菊，华茂春松。仿佛兮若轻云之蔽月，飘飖兮若流风之回雪。”

其实自从汉字产生之后，人们在使用汉字时，一直有追求简便快捷的意愿和动力，草书、行书都是在这种持久的需求下，自然而然地出现的。自从毛笔问世后，这种需求有了实现的可能。比如古人在用毛笔写篆书时，就会出现连笔与出锋。而隶书则减少波磔，向流动便捷发展，演变为行书，这在出土的汉简上经常能看到，比如西汉早期马王堆汉墓出土遣策简与夹带的木牍上的文字，就带有行书的笔意，但依然规范严整，有一丝不苟的波磔与方正的结构。

学者何学森认为，早期行书的特点往往与草书、楷书、隶书的特征共存于汉代的一些简牍与砖文中。书写者仅仅是想提高书写速度，意识中还没有行书的规范模式。东汉的行书应用场合有限，使用人群偏小，使用阶层偏低，只在底层胥吏和民间流通。字体特征模棱两可，用笔没有脱离隶书痕迹，对于字形轮廓、相对大小以及笔势和简化程度都没有严格的规定性。行书开始进入社会上层，是从钟繇、胡昭等名士开始的。钟繇身为重臣，不仅把刘德昇传授的行书继承下来，而且创造性地发扬光大，对当时的官宦阶层与文人墨客有较大的影响，从那以后行书开始盛行。西晋杜预和“竹林七贤”中的阮籍、阮咸、山涛、刘伶都擅长行草。但行书的流行当时只限于北方的士大夫阶层。所以曹聚仁在《中国学术思想史随笔》中说：“行书一体，在汉末始在颍川提倡起来，曹魏时才流行于中原士大夫间，江南民间虽或流行，而号称书家的士大夫则尚未接受。晋灭吴以后，才传入江南。”

所以可以认为行书是在隶书基础上产生出来的一种汉字形体，在发展过

程中又受到楷书、隶书字形的影响。汉末西晋时期是行书的初创期，东晋南朝是成熟期，唐代是规范期。王羲之、王献之以典范性的作品确立了行书的地位。此后书法名家辈出，行书风格千变万化，但终究没有人能超越“二王”。

东晋的行书真迹，有雅俗之分，俗体的行书用于社会生活与经济文化的交流，如书信来往、记录等，代表有20世纪在新疆楼兰古城出土的东晋时期纸质文书《李柏文书》。此文书自然质朴、率性而为，书法笔画带有隶书的笔意，但已显露出东晋流行的行书风貌，因此对研究行书发展的历史具有很高的参考价值。另外，高昌时期吐鲁番文书，也采用了行楷的字体。而王羲之、王献之的行书摹本与刻帖则更是风华绝代，可谓是前无古人、后无来者的行书顶峰之作，是他们优秀的作品奠定了行书作为汉字新形体的价值与地位。

对于东晋时期的行书，张怀瓘在《书议》中说：

> 夫行书，非草非真，离方遁圆，在乎季孟之间。兼真者，谓之真行；带草者，谓之行草。

行书介于草书和楷书之间，兼有楷书笔法的叫真行，带有草书笔法的，就叫行草。

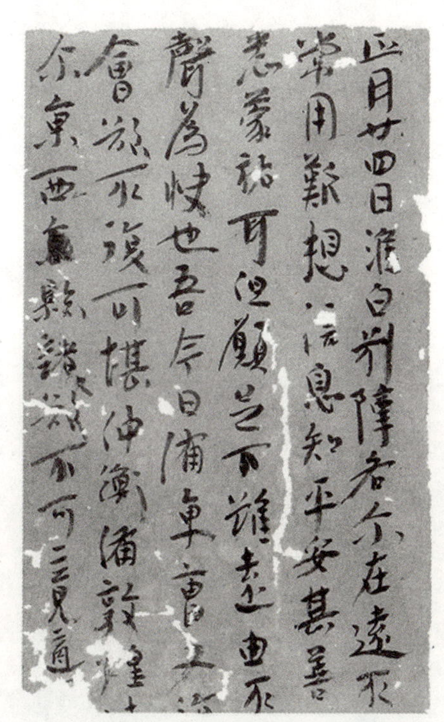

▲十六国前凉·李柏《李柏文书》(局部)

南宋姜夔《续书谱·行书》中也有曰：

尝夷考魏晋行书，自有一体，与草书不同。大率变真，以便于挥运而已。草出于章，行出于真，虽曰行书，各有定体，纵复晋代诸贤，亦不相远。《兰亭序》及右军诸帖第一，谢安石、大令诸帖次之，颜、柳、苏、米，亦后世之可观者。大要以笔老为贵，少有失误，亦可辉映。所贵乎秾纤间出，血脉相连，筋骨老健，风神洒落，姿态备具，真有真之态度，行有行之态度，草有草之态度。必须博学，可以兼通。

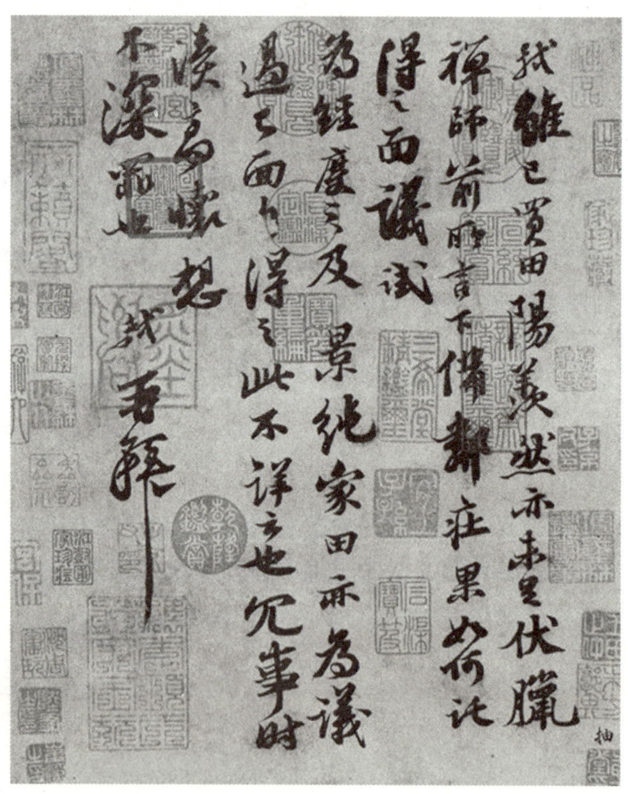

宋·苏轼《阳美帖》

姜夔认为魏晋时期的行书自成一体，与草书不同。行书以王羲之诸帖，尤其是《兰亭序》最好，其次是谢安和王献之的各帖，颜真卿、柳公权、苏轼、米芾也是后世行书写得不错的书法家。

行书是介于草书与楷书之间的一种书体，结字具有动势。比较草书，它不但辨识度高，更优雅细致，横、竖笔画可灵活倾斜，左依右抱，灵活多变，潇洒飘逸；结体更打破了隶书的方正，有时是变规则为不对称，虚实相济，流动而又平衡。字的大小、布白、虚实、粗细、枯润变化及其用笔特点比草书更考究，行书运笔的节奏比草书慢，比隶书、楷书快，用笔虽如云卷云舒，收放自如，但轻快中又留得住几分沉着，有内涵与功夫。

第二章 汉字的构成方式

汉字之理

漫话“六书”

会意

指事

转注

象形

假借

漫话“六书”

会意

形声

转注

指事

象形

形声

保氏掌谏王恶，而养国子以道，乃教之六艺：一曰五礼，二曰六乐，三曰五射，四曰五驭，五曰六书，六曰九数。

——《周礼·地官·保氏》

汉字经过几千年的岁月，长成一棵枝叶繁茂、风姿绰约的大树，成为承载中华文化的根基，有着迷人的魅力。每一个汉字都是音义完整的符号。汉字的构成方式，如“六书”，以及汉字各个层次结构成分本身，如偏旁、部首、笔画等形体要素，都是我们需要了解的。

研究汉字的形体结构，古人喜欢用传统理论“六书”来解说。“六书”这个说法出现在战国末年，最早被记录在《周礼》中。《周礼》汇编了周代王室官制与战国时各国制度，其中详细地介绍了先秦的礼乐文化。这本书通过记载官制来表达治国理念与方法，对中国封建时代的礼制影响深远。

《周礼》有一节专门介绍地官，地官负责掌管土地与教化人民，共设了七十八职官，其中的一个官名叫保氏。这个保氏就与“六书”有关。保氏第一个职责是对君王的过失进行劝谏，有议论是非得失、提出参考意见的权力，在君王决断错误时能直言劝阻；第二个职责是负责用“六艺”来培养贵族子弟。《周礼·地官·保氏》有言：“保氏掌谏王恶，而养国子以道，乃教之六艺：一曰五礼，二曰六乐，三曰五射，四曰五驭，五曰六书，六曰九数。”“六艺”是周代贵族子弟必须学习的基本课程，包括礼（礼仪制度与道德规

范）、乐（音乐、诗歌及舞蹈）、射（射箭）、御（驾车）、书（文字读写）、数（算法）共六个内容的课程。当时穷苦百姓能受教育的很少，而国子是贵族阶层的子弟，处于社会的上层，将来要接统治者的班，因此从小要学习包括“六书”在内的“六艺”，养成他们的品行与人格。这说明在周代“六书”的地位非常高，国家非常重视对汉字的学习与掌握，把它作为接班人必备的修养与知识技能。《周礼·地官·保氏》是如今我们能见到的记载“六书”最早的书证，但“六书”内容是什么，这本书并没有具体介绍。

到了秦汉时期，“六书”有了明确的分类，用来表达学者分析古汉字结构而归纳出来的六种条例。一般都认同“六书”是汉字的六种造字方法，可以用来分析汉字结构。东汉班固《汉书·艺文志》记载了“六书”的具体分类：

> 古者八岁入小学，故周官保氏掌养国子，教之六书，谓象形、象事、象意、象声、转注、假借，造字之本也。

这段话说的是，古时候儿童长到八岁上小学，所以周官保氏负责教养国中公卿大夫的子弟，用“六书”教他们识字，分别讲解象形、象事、象意、象声、转注、假借，这是汉字造字的依据。据这本书的记载，今天我们才知道，原来“六书”的分类是象形、象事、象意、象声、转注、假借这六种。可是，班固没有作进一步的细化解释。

其实班固的解释并不是他自己创造的，而是转述了西汉末年的著名学问家刘歆在《七略》中的说法。刘歆，是刘向的儿子，他写的《七略》是中国第一部目录学著作，可惜这本书到了唐代就失传了，现在只能借助班固《汉书·艺文志》来了解他对“六书”的解释。后来刘歆的再传弟子东汉经学家郑众替《周礼·地官·保氏》做注释。他对“六书”的解释是“象形、会意、转注、处事、假借、谐声”六种。“六书”排列次序与刘歆不同，名称除象形、转注、假借相同外，其他三项的称呼不一样。郑众与刘歆一样都没有进一步阐释“六书”的内涵。

东汉许慎是第一个对“六书”作详细阐述的学者。他受刘歆的启示，花费二十几年的时间整理汉字，并编撰成《说文解字》一书。这是我国第一部系统地分析汉字字形和考究字源的字书。在这本书的“叙”中，他将“六书”作了明确界定，进行了细致地解释：

> 周礼八岁入小学，保氏教国子，先以六书：一曰指事，指事者，视而可识，察而见意，上下是也；二曰象形，象形者，画成其物，随体诘诎，日月是也；三曰形声，形声者，以事为名，取譬相成，江河是也；四曰会意，会意者，比类合谊，以见指拗，武信是也；五曰转注，转注者，建类一首，同意相受，考老是也；六曰假借，假借者，本无其字，依声托事，令长是也。

许慎的老师是贾逵，而贾逵又是刘歆的再传弟子，可见“六书”理论是在刘歆的影响下发展的。

不少文字学家认为仓颉是根据“六书”造字的，把“六书”认作造字的基本理论。说到汉字结构首先要讲造字结构，这是我们老祖宗从字符记录音义这个功能角度分析汉字而建立的结构体系。分成两个层面：第一是构成方式，第二是结构成分。

老祖宗研究汉字结构，已经有两千多年了。刘歆、郑众、许慎这三家所说“六书”的名称不同，次序有别，后来“六书”名称采用许慎的，次序则用刘歆的。“六书”理论自诞生之后，一直被古人用来解释古汉字的造字方法

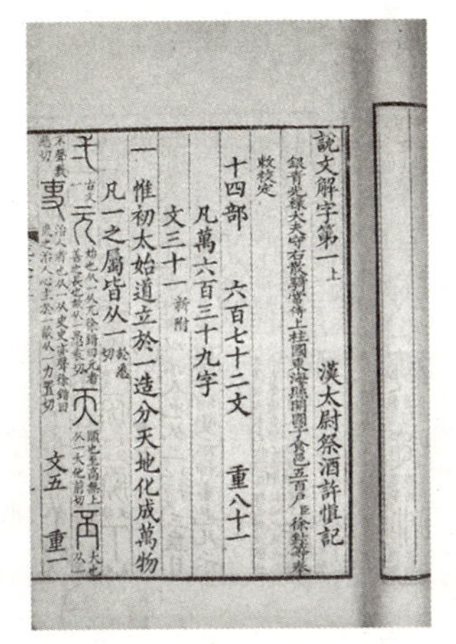

說文解字第一上　漢太尉祭酒許慎記

銀青光祿大夫守右散騎常侍上柱國東海縣開國子食邑五百戶臣徐鉉等奉敕校定

十四部　六百七十二文　重八十一

凡萬六百三十九字

文三十一　新附

一　惟初太始道立於一造分天地化成萬物

凡一之屬皆从一　於悉切

文五　重一

◀《说文解字》书影

与规律，着眼点在古汉字的字形、字音、字义三者关系上。

古文字学家裘锡圭认为“‘六书说’是最早的关于汉字构造的系统理论”。汉字的形体构造分为内部结构和外形结构两部分。外形结构即指汉字的间架结构，而内部结构指汉字的构造方法，或称造字方法。“六书”中象形、指事、会意、形声是“造字法”，转注、假借是“用字法”。其中“六书”中的象形、指事、会意、形声是汉字的主要构成方法。

“六书”的说法来自战国末到汉代人们对汉字的结构和使用情况的认识，历代解释不同；争议也很多，尤其是在转注、假借这两种方法上，至今为止，没有一个统一的意见。但是，“六书”还是可以用来解释古文字，许慎就用它解释了《说文解字》中多数的汉字，而不乏真知灼见。应该承认“六书说”是汉字研究史上的重要建树。

实际上，古人并不是先有“六书”才造汉字。因为汉字在商朝时，已经形成一个独立的系统，那时还未有关于“六书”的记载。“六书”是后来的人分析汉字归纳出来的理论，然后又用“六书”的原理，创造了许多新字。

在甲骨文、金文中，象形字在开始时占优势，当时社会比较简单，画出眼前的事物是一种便捷形象、通俗易懂的造字方法。然而，当文字发展下去，要仔细分工的东西愈来愈多，如植物，有草有木，每一类都有好多种，用象形的造字方法，难以仔细把它们的特征画出来。于是，形声造字就成了最方便的方法，用各种不同的形旁来归纳文字的类别，再用相近发音的声旁来区分这些字。形声造字在创造新文字上堪称最便捷易辨别，因此被愈来愈多地采用。学者李海霞统计《甲骨文字典》中见于《说文解字》的字一共1040个，其中形声字就有283个，占27.2%。《金文编》收的先秦金文见于《说文解字》的共1793字，其中形声字947个，占52.8%。到了东汉，许慎《说文解字》收小篆9353字，其中形声字8057字，占86.1%。而近代汉语的形声字比例更高。

许慎《说文解字·叙》云："仓颉之初作书，盖依类象形，故谓之文；其后形声相益，即谓之字。"又云："文者物象之本，字者言孳乳而浸多也。"这是许慎对9000多小篆形体的基本分类，即区分为"文"和"字"两大类。他说的"文"是包括象形与指事的，而"字"则包括会意与形声，因为前二者是"本于物象"，而后二者是以"文"为根而孳生的。许慎对"六书"的解释并不是对汉字形体结构的完备的分类。在语文学时代，即使是对汉字构形的解说，也不可能没有局限。这至少表现在三个方面：一是对作为汉字构成方式的"六书"，分类比较粗疏；二是对"六书"本身的界说过于简略，又受了当时骈体文风的消极影响；三是每书所举例字太少，又未加以具体分析。也因此，历代对"六书"的研究一直没有取得一致的看法。

象形者，画成其物，随体诘诎，日月是也。

——汉·许慎《说文解字·叙》

象形字是研究汉字造字方法的出发点。这种造字法，最初是图画法，勾画事物的外貌特征，线描物体的形状来显示字义。《说文解字·叙》曰："象形者，画成其物，随体诘诎，日月是也。"诘诎，是曲折、屈曲的意思。古人比照物体的轮廓，用弯曲的线条勾勒出基本形貌，这就是象形的造字方法。许慎举了"日"和"月"两个例子。

日，甲骨文作，比较方正，也许是龟甲比较坚硬，因而刻写得不是很圆。金文与甲骨文相似，都像是太阳的形状，只是轮廓更圆一点。小篆"日"作，外形轮廓拉长，字形与现在的楷书已很接近。

月，甲骨文作，金文作，两者稍有不同，但都像弯弯的月亮之形。月亮虽然有周期性的圆与缺的变换，但总的来说还是缺时多圆时少，也许因而古人造"月"取的是半月之象。

生，甲骨文作，金文作，小篆作，都是描摹青青的小草拱土而出的形象。《说文解字·生部》曰："生，进也。象草木生出土上。"小草具有蓬勃进取的力量，生生不息，"野火烧不尽，春风吹又生"。"生"的本义指草

▲ 宋·韩祐《螽斯绵瓞图》

木生长，后来引申指出生、活着、生存等意思。

瓜，金文作，小篆作。瓜是蔓生植物，果实可以食用。“瓜”的金文、小篆字形都像藤蔓上挂着一个瓜的样子，中间是瓜的形状，两边像瓜蔓的形状，非常形象。《诗经·豳风·七月》：“七月食瓜，八月断壶。”《诗经·卫风·木瓜》：“投我以木瓜，报之以琼琚。”这两句诗中的“瓜”用的都是本义。

糸，甲骨文作，金文作，小篆作。《说文解字·糸部》曰：“糸，细丝也，象束丝之形。”“糸”的甲骨文就是一束蚕丝的形状。根据考古发现，养蚕、缫丝、织绸的历史可以一直追溯到距今7000年到5000年的新石器时代。《史记·五帝本纪》记载：“黄帝居轩辕之丘，而娶于西陵之女，是为嫘祖。”这句话说的是黄帝住在建于轩辕丘的都城（今河南新郑市区一带），娶了西陵国王的女儿为妻，名叫嫘祖。嫘祖端庄美貌，智慧超群，在中国古代的神话传说中，她是养蚕缫丝的发明者。有一天，嫘祖看到下人从桥国山上采来小半筐东西，像白色的果实，长圆形，一颗颗的。以前她没见过，觉得非常稀罕，就拿在手里把玩。这东西外边柔韧绵软，里面似乎有点空。下人告诉嫘祖，这是桑树林里野蚕结的茧子。茧子上有白白的细丝，顺手一抽，能从中抽出长长的白丝。她脑中灵光一闪，想出一个绝妙的主意，第二天就付诸行动。她让下人再去桥国山，采回好几筐的茧子，从中抽出丝来，纺成丝线用来编织丝绸。野蚕数量不多，嫘祖就把野蚕的卵收起来，用以孵化蚕宝宝；桑叶不够吃，就把桑树苗培育起来。就这样，嫘祖发明了种桑养蚕，教会百姓养蚕缫丝，由此摆脱了以兽皮和树叶遮蔽身体的生活方式。商周时期，黄河流域、长江流域普遍种植桑树，丝织业发展起来，嫘祖的功劳永世流传。唐代赵蕤题写嫘祖碑记云“嫘祖首创种桑养蚕之法，抽丝编绢之术”，被尊为“先蚕”，即教民育蚕之神。

▲ 清·金梦石《受天百禄》

甲骨文中的不少动物字形也是象形字，形象生动，准确地描绘出每种动物的外形特征。

鸟，甲骨文作，金文作，都像鸟形，鸟头栩栩如生，脚如爪形分叉，嘴巴尖尖，喙突明显。

鹿，是一种性情温和的哺乳动物，雄鹿有美丽的枝杈状的角。这个字甲骨文写作，金文写作。字形传神，惟妙惟肖，就像一只鹿，把高高分叉的鹿角、尖嘴、细长的四肢、短尾都用简笔描绘了出来，生动形象地表现出鹿的特征。《诗经·小雅·鹿鸣》曰：“呦呦鹿鸣，食野之苹。”鹿是食草动物，诗中描写鹿呦呦鸣叫，呼唤同伴一起去野外吃藾蒿。“鹿”与“禄”同音，古人常常用双关的修辞手法，以“鹿”比喻政权或爵位，如“逐鹿”指争夺天下，成语“鹿死谁手”原比喻不知政权会落在谁的手里，现在也泛指在竞赛中不知谁会取得最后的胜利。

象，甲骨文作，金文作。它的甲骨文、金文字形形象地描绘了象的特征：壮硕的身形、弯曲的长鼻、大耳朵、圆柱状的粗腿、细长的尾巴。象有亚洲象、非洲象的分别。公元前3500多年前，印度人就开始驯养亚洲象。殷商时期，中原气候温暖，植被丰茂，象群出没。商代武丁时期到帝乙、帝辛时期的殷墟甲骨卜辞中有多处田猎获象的记载。《吕氏春秋·古乐》载：“商人服象，为虐于东夷。周公遂以师逐之，至于江南。”这篇文献记载了商代的人驯养大象用以作战，结果打败了东夷。商人驯化大象还可以用它来搬运重物与骑乘。殷墟先后发掘了三座象坑，都有古象在其中。1978年中国社科院考古所安阳工作队在殷墟王陵区发现了一座象坑，里面有一头幼象的遗骨，身体长2米，高1.6米。出土文物证实了商人已经驯化野象为家象，掌握了繁殖、驯养技术。位于黄河中下游的河南省简称“豫”，是从夏禹那时开始的。大禹治水将天下分为九州，他居住的阳城所属的州被命名为豫州。豫与大象有关系。豫，从象予声。《说文解字·象部》曰：“豫，象之大者。”甲骨学家胡厚宣曾指出，这个字就是人牵象之形。上古时期

▲ 商代象尊

在黄河中下游生活的人经常能见到大象，所以造字的时候，对大象的形象特征刻画真是栩栩如生啊！后来这一带气候变冷，加上人口的繁衍破坏了植被，象在这一地区失去了生存条件，向南方迁移，所以东汉时期许慎《说文解字·象部》对“象”的解释是：“象，长鼻牙，南越大兽。”南越，古地名，指今广东、广西一带。东汉时大象已经生活在那一地区了。

▲《龟年鹤寿》木雕

龟，甲骨文作，金文作。甲骨文勾勒龟的侧面，金文勾勒龟的正面。它们的字形都像龟伸头披甲，煞是传神有趣。“龟”的古今字义都没有改变过，指的都是乌龟，是爬行动物中的一类，腹部与背部披着坚硬的甲壳，头、尾、四肢可以缩入龟甲内。龟的寿命很长，常作为福寿的象征。成语“龟年鹤寿”比喻人长寿，常用来作为祝寿之词。《礼记·礼运》曰：“何谓四灵，麟、凤、龟、龙谓之四灵。”龟与麒麟、凤凰、龙被古人列为四大神兽，具有辟邪、消灾、祈福的文化内涵。古人喜用龟甲占卜吉凶，觉得很灵验。

鱼，甲骨文作，金文作。《甲骨文编》里收录的“鱼”字约有20个，形体古拙，各有差别，但象形造字都突出了鱼头、鱼身上的鳞片、鱼尾与鱼鳍，一望即知是鱼。《金文编》中收录的“鱼”字有50多个，有线描工笔画的味道，线条圆润，逼真传神，鱼身上的鳞片加密，鱼鳍加上细线。《说文解字·鱼部》曰："鱼，水虫也。象形，鱼尾与燕尾相似。"古人认为鱼是水中的虫，今天听来很新鲜。如今，科学家把鱼归入脊椎动物中的一类，生活在水中，体形侧扁，有鳞片和鳍，用鳃呼吸。

以上这些汉字都是古人对事物观察后，抽取最易辨识的形态特征造出来的象形字。其实象形字已经具有抽象表达的意义，因为即使同类事物也都不可能完全一致，世界上也不存在完全相同的两片树叶，只是抽取形态的共性就可以窥一斑而知全豹了。

象形造字法是一种最原始的造字法，因为很多表示抽象意义的汉字不能用线条描摹出形态来，所以这种造字法的局限性很大，后来渐渐用得少了。根据雷黎明2007年统计，东汉《说文解字》中所收的象形字只有448个，其中小篆342个，重文106个。古老的象形字是一种表形的文字，因用象形的方法构造汉字无法满足记录语言的需要，汉字便由表形向表意发展，于是指事字和会意字应运而生。

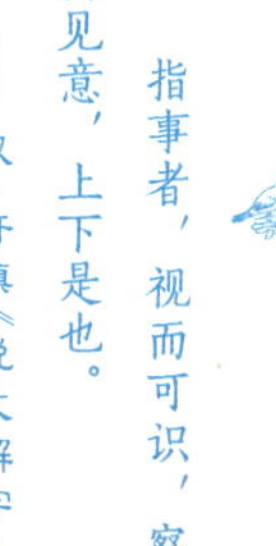

指事者，视而可识，察而见意，上下是也。

——汉·许慎《说文解字·叙》

指事是用纯符号或在象形字的基础上加提示符号来表示意义的造字方法。《说文解字·叙》曰：“指事者，视而可识，察而见意，上下是也。”许慎最早给这类造字法下了定义：指事字，看到字就可以识别，细细观察一下就可以明白字义，“上”“下”两个字就是这样造字的。这个定义不是很周密，让人还是不免迷惑，为此古人争论了很长时间。

清代著名文字学家王筠对许慎《说文解字》的研究可以称得上融会贯通，疏解精要。在他的著作《说文释例》中，他不客气地指出许慎指事定义的模棱两可：“《说文》曰‘视而可识’，则近于象形；曰‘察而见意’，则近于会意。”他认为会意字应当是合两个字或者三个字的形体和字义，造一个新字来表达一个意思。指事字与会意、形声字都不同，虽然也是合体字，但其中加入不成字的符号。如“朱”，甲骨文作，金文作，本义是赤心木，在木中加一个圆点，指示赤心所在，后来才写成一横。这个圆点就是不成字的符号。

清代文字训诂学家段玉裁在《说文解字注》中对指事字有更明确的界定：“指事不可以会意淆，合两文为会意，独体为指事。”指事字不可以与会意字混淆，会意字是两个或两个以上的独体字意合而成的，指事字是独体字加指事符号而成的。会意字是合体字，指事字是独体字。

文字学家高明在《中国古文字学通论》中说：“所谓指事字，实际上是在用象形的方法难以表示事物特点的时候，利用标注记号的方法指出所表示事物的要点，即在两个符号中，一个是字，另一个不是字，只是个符号。”他还指出，用指事字造字，局限性很大，字数不多，皆属早期，后来基本不用此法创造新字了。

指事字分两种类型，其中第一类是纯符号指事字，就是用不代表具体事物的抽象线条来表示的指事字。如上、下、一、二、三等。

上，甲骨文作𠄞，金文作𠄞，古文作丄，小篆作上。甲骨文、金文“上”都以长线表示一个基准的位置，用短横在上，表示处在基准线的上面。古文“上”是一竖立在一横上，小篆“上”一竖上部弯曲，右边加了一短横，变得繁复而婀娜多姿。《说文解字·丄部》曰：“丄，高也。此古文上，指事也。上，篆文丄。”“上”的本义是指位置在高处。《左传·襄公二十九年》：“犹燕之巢于幕上。”这句话意思是，像燕子筑巢于帷幕之上，比喻处境危险。清施润章《蠖斋诗话·龙济寺》曰“天上楼台山上寺”，把山上的龙济寺比作天上的楼台。这两句引文中的“上”都用的是它的本义。“上”引申可指“上天”。如《楚辞·天问》曰：“上下未形，何由考之？”意思是天和地尚未形成时（指天地混沌），从什么途径考察呢？

下，甲骨文作𠄟，金文作𠄟，小篆作下。“下”甲骨文字形是在一条横卧向下的弧线下，加一短横；金文字形是一长横下加一短横，用来表示“下”的意思；小篆字形变得美

观而繁复。《说文解字·丄部》曰："丅，底也。指事。下，篆文丅。""下"的本义指位置在低处。《吕氏春秋·功名》曰："善钓者，出鱼乎十仞之下。"这句话的意思是，善于钓鱼的人能把鱼从十仞深的水下钓上来。句中的"下"用的是它的本义。"下"引申指"地位低的人"。如《易·系辞下》曰："君子上交不谄，下交不渎。"此句说君子应该做到与上（地位高的人）结交不巴结奉承，与下（地位低的人）结交不轻慢不敬。

一，用一横表示抽象的数字"一"。《说文解字·一部》曰："一，惟初太始，道立于一，造分天地，化成万物。"许慎解释"一"，受到阴阳五行学说与道家学说的影响。他说的是远古时代混沌未分的道是阴阳混合、浑然一体的，有了一，就有了形，之后"轻清阳为天，重浊阴为地"，天地分开，万物孕育生长。"太始"是天地万物之始，是道家哲学中提出来的概念，用来代表有形无质的原始宇宙形态。《列子·天瑞》曰："太始者，形之始也……一者，形变之始也。清轻者上为天，浊重者下为地，冲和气者为人。故天地含精，万物化生。"这段话的意思是，太始是阴阳抱合的混沌之气开始的状态，天地万物形成变化是从一开始，清而轻的气上升为天，浊而重的气下沉为地，中和之气形成人。因而天地蕴含着精华，万物由此变化而生。许慎对"一"字的阐释深受上述两家学说的影响，显然他也认为"一"是"数之始"，也是万事万物的起始。

三，甲骨文作☰，金文作☰，小篆作☰。"三"的本义是数目名称，即一加二的和。段玉裁《说文解字注》曰："三，数名。"《左传·庄公十年》："一鼓作气，再而衰，三而竭。"《国语·周语》："西周三川皆震。"三川，指的是泾水、渭水、洛水三条河。这两处引文中"三"用的是它的本义，指确数。《说文解字·三部》曰："三，天地人之道也。从三数。""三"在中国传统文化中有特殊内涵，古人观察世界常常以"三"为法。"三"是天地人存世的法

▲清·张熊《柳荫飞燕》

则、规律。老子云："一生二，二生三，三生万物。"三是万事万物的生长点。天、地、人为三才，日、月、星为三光，福、禄、寿为三星，松、竹、梅为三友。"三"的引申义可以表示多次，如举一反三、三番五次、三令五申、三思而行。

第二类指事字是由象形字加指事符号构成。这类指事字比前一类多，如本、末、亦、刃、甘、朱、寸等。

本，金文作，小篆作。它的本义是指草木的根。《说文解字·木部》曰："本，木下曰本。从木，一在其下。""本"是指事字，在象形字"木"下加了一个圆点或一个短横，表示根部位置。《国语·晋语》曰："伐木不自其本，必复生。"这句话的意思是，树木如果不是从根部开始砍伐的话，一定会再生的。句中的"本"就是用了它的本义。后来"本"引申指事物的基础和根源等意思。

末，金文作，小篆作。它的本义是树梢。《说文解字·木部》曰："末，木上曰末。从木，一在其上。""末"在"木"字上加一点或一个短横，表示树梢所在的位

置。唐牛峤《杨柳枝五首》中有诗句云："解冻风来末上青，解垂罗袖拜卿卿。"春风拂来，柳枝梢头绽出绿色的嫩芽，飘荡起来如舞袖相拜。句中"末"指的就是柳梢。后来"末"引申指最后、终了、末尾以及事物次要的一面等意思。

亦，甲骨文作，金文作，小篆作。《说文解字·亦部》曰："亦，人之臂亦也。从大，象两亦之形。""大"像人正立之形，侧面两个点指示腋下位置，意思就是"腋"（胳肢窝），这是"腋"的本字。后来"亦"用来作虚词，另外造了一个"腋"表示胳肢窝。

刃，甲骨文作，小篆作。《说文解字·刃部》曰："刃，刀坚也。象刀有刃之形。""刃"从刀，在象形字"刀"上加了一点，指示刀刃处。显然，刃必须要有刀才能表现，所以才用这一点或一短横来标注刀刃所在位置，意思也很清楚，不是指刀的整体，而是其中的一个部分——刃。"刃"引申指刀、剑之类的利器；又引申为杀，如"手刃"。

甘，金文作，小篆作。《说文解字·甘部》曰："甘，美也。从口含一；一，道也。""甘"表示美味。口中的一横是指事符号，表示甘美之物与口有关，从口中生发出来。段玉裁注："甘为五味之一，而五味之可口皆曰甘。"甘是五味之一，而其造字时的本义与五味中的甜有不同，其实是指甘美，指适口的中正充和的美味，不带刺激，让人愉悦。

用抽象的符号表示复杂的意义，终究是比较困难的，因而汉字中用指事法所造的字不多，然而指事字的出现对促进汉字表意化的形成有重要的作用。

会意者，比类合谊，以见指㧑，武信是也。

——汉·许慎《说文解字·叙》

象形和指事所造之字不足以表达含义丰富的汉语言时，古人又想出了另一个巧妙的方法——将两个甚至多个象形字或指事字通过一定的方法组合在一起。这样造出的字就表示一个新的意义。有趣的是，新字的意思就是这几个独体字意思的组合。这种造字方法就是会意。

《说文解字·叙》曰："会意者，比类合谊，以见指㧑，武信是也。"大意是：会意字就是把两个以上的独体字合并在一起，并且把字义合在一起，以此来显示所造新字字义的指向，"武""信"就是这样造字的。这句话里"比类"就是并类，"合谊"就是合义，"指㧑"就是指向。段玉裁注曰："刘歆、班固、郑众皆曰会意，会者合也，合二体之意也。一体不足以见其义，故必合二体之意以成字。"根据许慎的说法，会意字必须是两个或两个以上的独体字合成一个新字，具有新的意义。换句话说，会意先是几个独体字形体的会合，而字义是这两个独体字代表的意义的会合。如："孬"的意思是不好；"嵩"的意思是山高；"歪"的意思是不正。

按照字形的构成，会意字可以分两类，即同体会意和异体会意。

同体会意是由相同的构件组成新字。如从、众、林、森、炎、比、多、

品、朋、赫、淼、矗等。

林，甲骨文作，金文作，小篆作。《说文解字·林部》曰：“林，平土有丛木曰林。从二木。”用两个“木”会意造字，表示双木成林、树木成片的意思。“林”的本义就是丛聚的树木，后引申表示会聚如林的人或事物的群体，如艺林、儒林、石林等。

森，甲骨文作，小篆作。《说文解字·林部》曰：“森，木多貌。从林，从木。”三木组成“森”，表示树木多，成为森林，其中还蕴含了“三生万物”的哲学意蕴。《老子》曰：“道生一，一生二，二生三，三生万物。万物负阴而抱阳，冲气以为和。”这句话意思是说，道开始于一（即混沌状态），从一生出二（即阴与阳）；从二生出三（即阴阳和合），万物至三而生成。万物都是背阴面阳，阴阳交合而中和。因而古人常用“三”表示多，中国文化也对“三”字特别关注。“森”这类字有人称为“三叠同体品字形字”，正好从汉字构形上体现了“三生万物”的思想。“三”具有多和生成发展基数的意义。“生”描绘了宇宙生成变化，生生不已的演化图景。从“三”飞跃到万，恰恰点明了“三”所特有的涵容万有、生化万物、为万物之初演化起点的领先意义。这类汉字还有淼、鑫、焱、磊、矗、卉、毳、聶、蟲、嚞等。有些字现在已经简化，如“卉”简化成“卉”、“聶”简化成“聂”、“嚞”简化为“哲”、“蟲”简化为“虫”。这些字都是会意字。如“蟲”，从三虫会意，本义为昆虫，后来泛指动物。如老虎叫大虫、老鼠叫老虫、蛇叫长虫、鱼叫水虫、龙叫鳞虫、龟叫介虫。这种分类很有意思，体现了古人对动物的认识，但与现代动物学分类真是相去甚远了。

友，甲骨文作，金文作，小篆作。甲骨文、金文“友”字是由两个“又”构成的，“又”像手之形，两只手紧紧地握在一起，来表示朋友之情。《说文解字·又部》曰："友，同志为友。""友"的本义是志同道合的朋友。古代"朋"和"友"有区别：同师为朋，同志为友。跟从同一个老师学习的同学叫"朋"，古人曰"同门曰朋"，"朋"指同学，"友"指同道。"友"引申为结交为友。如《史记·廉颇蔺相如列传》曰："燕王私握臣手曰：'愿结友。'"《论语·季氏》言："友直、友谅、友多闻，益矣。"意思是与正直的、诚实的、见闻渊博的人交朋友，是有益的事。"友"还有一个引申义是帮助。《孟子·滕文公上》曰："乡田同井，出入相友，守望相助，疾病相扶持，则百姓亲睦。"这个句子里的"出入相友"就是出入互相帮助的意思。

异体会意是由两个或两个以上形体不同的构件组成新字。这类会意字比较多，如武、信、奔、取、彭、见、监、占、邑、删、明、妇等。

武，甲骨文作，金文作，小篆作。"武"的甲骨文、金文字形都是上部像"戈"，下部为"止"。《说文解字·戈部》曰："武，楚庄王曰：'夫武，定功戢兵。故止戈为武。'""止戈为武"出处为《左传·宣公十二年》："潘党曰：'君盍筑武军而收晋尸以为京观？臣闻克敌必示子孙，以无忘武功。'楚子曰：'非尔所知也。夫文，止戈为武。'"楚子即楚庄王，春秋五霸之一。他的统治理念与孔子的儒家思想相近，以"仁"执政。《左传》中这段文字讲了楚国大夫潘党建议楚庄王把晋国败兵的尸体堆积起来筑成高台，作为打败敌人的纪念建筑，留给儿孙后辈看。楚庄王不赞成，说"止戈为武"，意思是要能够制止战争才是真正的武功。接着又说了武功的几项内容：禁止暴力、息兵罢战、保持强大、巩固功业、安定百姓、和谐大众、增加财富。许慎引用了楚庄王的观点来解

▲ 将军俑

释“武”的本义是制止战事。造字理据就是“止戈为武”，武功的意义是争取与维护和平。

对“武”字的解释，近现代也有不同的看法。比如，于省吾认为“武”从戈、从止，本义为征伐示威，征伐的人一定带武器，“戈”就代表武器；征伐者一定要出行，而“止”就是脚，表示行走。而唐兰认为，“武”字本来表示有人荷着戈行走，从中可以生出威武之义。对“武”字的不同看法，关键在于对止、戈两个独体字合成一个新字的意义会合，有不同理解。“武”引申泛指军事、强力、技击等事，也表达勇猛、威武、刚健。

信，小篆作。《说文解字·言部》曰：“信，诚也。”“信”小篆字形左边为人，右边为言，造字理据是人言而有信，诚实不欺，所谓“君子一言，驷马难追”。“信”的本义是言语真实。《老子》曰：“信言不美，美言不信。”意思是真实的话未经加工，所以不美妙动听，而辞藻华美的言辞往往不真实。东汉班固《白虎通义·情性》曰：“信者，诚也，专一不移也。”做人讲诚信是一种美德，期望人言诚信，该是古人造字的初衷吧。

弃（繁体字为“棄”），甲骨文作，金文作，小篆作。《说文解字·𠦒部》曰：“弃，捐也。”“弃”的甲骨文字形表示双手持簸箕中的新生儿并抛弃。许慎解读为捐弃逆子之义。“弃”的造字理据与文献记载我国古代曾经有一种弃子风俗有关。《诗经·大雅·生民》记载了周王朝之始祖后稷初生之时就被母亲姜嫄抛弃的事。被抛弃的原因，据《史记·周本纪》说是“（姜嫄）居期而生子，以为不祥”。姜嫄认为她所生的后稷是不祥之兆，给他取名“弃”，婴儿时期就一次次遗弃他。《诗经·大雅·生民》对后稷被弃经历的描写细致如画：“诞寘之隘巷，牛羊腓字之。诞寘之平林，会伐平林。诞寘之寒冰，鸟覆翼之。”第一次后稷被扔在小巷里，牛羊走过来用乳汁喂养

▲ 后稷

他，得以存活。第二次他被弃置于树林，遇上樵夫砍柴，将他救回。第三次他被扔到寒冰上，大鸟飞来用翅膀覆盖温暖他。幼小的后稷经历种种磨难，等大鸟飞走后，他终于放声大哭，声音洪亮，回荡在路上。这似乎预示着这个孩子与众不同，屡屡被弃，却得到动物与人的保护，如果不是超凡脱俗的英雄，是不会显示如此神异祥瑞的征兆的。后稷成为周朝始祖后，他幼年的被弃演化成英雄生命初生必经磨难的神话传说母题。所有的弃子神话传说都有这么一个原型模式：第一是婴幼儿时遭到遗弃，第二是被救后成长为杰出人物，第三是被弃和获救带神奇色彩。弃子风俗从夏代就开始了。《史记·夏本纪》载：“禹曰：‘予辛壬娶涂山，癸甲生启，予不子。’”大禹娶涂山女，生儿子启，但他不认这个儿子，实际上就属于弃子行为。晋代张华《博物志》卷二记载：“荆州极西南界至蜀，诸民曰獠子。妇人妊娠七月而产，临水生儿，便置水中，浮则收养之，沉便弃之。”话说荆州最西南的地界到蜀地的少数民族叫獠子，那里的妇女怀孕七个月在水边生产，生下孩子就放到水中，浮在水上就收养起来，如果沉入水中，就不要了。这也是弃子风俗的孑遗。会意字“弃”隐含的似乎是人类进化过程中的优胜劣汰。

取，甲骨文作，金文作，小篆作。“取”的甲骨文字形左边是象形字“耳”，右边是象形字“又”（表示手），两个字合起来，表示“取”的本义是（捕获到野兽或战俘时）割下耳朵。据载，上古捕获到野兽或战俘时会割取其左耳。《周礼·夏官·大司马》曰：“大兽公之，小兽私之，获者取左耳。”意思是猎获到大的野兽交给公家，抓到小的野兽归自己所有，但得把野

▲ 清·金廷标《狩猎图》(局部)

兽的左耳朵割下来（以计算狩猎成果）。后来发展到在先秦的战争中，两军激烈战斗后，需要将俘虏或死者的左边耳朵割下来，显示自己的战功。《左传·僖公二十二年》曰："且今之勍者，皆吾敌也，虽及胡耇，获则取之，何有于二毛？"这句话说的是今天的强者都是我们的敌人，即使是年纪大的人，抓到了就割下他的耳朵（以计算战功），对头发花白的敌人又有什么值得怜惜的呢？《说文解字·又部》曰："取，捕取也。从又，从耳。"许慎这里解释的是"取"的引申义：捕取、捉拿。如《诗经·豳风·七月》："取彼狐狸，为公子裘。"

彭，甲骨文作，金文作，小篆作。《说文解字·壴部》曰："彭，鼓声也。""彭"的字形从壴从彡，"壴"为"鼓"省形，"彡"即"三"，表示多，合两字表示击鼓时发出的声音。这声音与击鼓的频率有关，不停地打鼓就会多次发声。"彭"的本义指鼓声。《诗经·大雅·灵台》曰："鼍鼓逢逢。"鼍鼓是什么呢？这是用扬子鳄的皮蒙的鼓。早在距今4000多年的山西临汾陶寺龙山文化早期遗址的古墓中就发现了"鼍鼓"。鼓的框架是挖空的树干，高近100厘米，上口直径约43厘米，下口直径约57厘米。残留的鳄鱼骨板散落在鼓框里面和外面，蒙在鼓上的鳄鱼皮已经剥落朽化。这个鼓是夏代的，可以称是"华夏第一鼓"。逢逢，指鳄鱼皮做的鼓发出的声音，也就是"彭"这个字右边三撇表示的密集鼓声。

▲战国铜镜

▲西汉铜镜

▲唐代铜镜

见（繁体字为“見”），甲骨文作，金文作，小篆作。“见”甲骨文、金文字形上面像一只眼睛，下面像跪坐着的人，从目从儿。《说文解字·见部》曰：“见，视也。”不过“见”和“视”的含义还是有一些区别的，“见”强调看的结果，“视”强调看的动作。“见”的本义是看到、看见。古人造字时特别突出了“眼睛”，很有意思。

监（繁体字为“監”），甲骨文作，金文作，小篆作。“监”甲骨文、金文、小篆字形都像跪下或俯身的人在盛水的盆子前照脸。《说文解字·卧部》曰：“监，临下也。”它的本义是照影、照视。在镜子没有发明之前，古人就是这样以盆盛水而照自己的脸的。《商书·酒诰》云：“古人有言，人无于水监，当于民监。”意思是当官的人不能仅将水当镜子，而应将百姓当镜子。以民意省察自己的为政得失，体现了朴素的民本思想。我国目前发现最早的镜子是距今4000年左右齐家文化遗址出土的铜镜，只有两三面。殷商西周时期铜镜发现数量增加，多数由贵族墓发掘而得。如妇好墓出土的铜镜制

造形态上圆形有钮的居多，但制作粗糙，工艺不精。到了春秋战国时代，工艺制作技术进一步发展，铜镜制作也精致轻巧起来，一面磨光发亮，一面铸刻花纹。铜镜出来后，开始也称作“監”，后来为了名实相符加了金旁，变成“鑒”或“鑑”，今规范简化为“鉴”。因而“监”与“鉴”有一个意思相同，都是指镜子。《国语·吴语》曰：“王盍亦鉴于人，无鉴于水。”意思是王何不以人为镜，而不是以水为镜。《庄子·德充符》言：“仲尼曰：人莫鉴于流水而鉴于止水，唯止能止众止。”庄子借仲尼口说流水不会有人去照，只有静止的水才会有人去照，唯有静止的东西才能使他物静止，以此来说明他主张的静寂无为的思想。这里的“鉴”已经从本义“镜子”引申为“照”了。

占，甲骨文作，金文作，小篆作。“占”从卜从口，卜就像龟甲烧灼后形成的裂纹，从口表示卜问。《说文解字·卜部》曰：“占，视兆问也。”“占”的本义就是从观察甲骨上的兆纹判断吉凶。殷商时代的人，对自己居住的世界知道很少，生活中遇到的灾难与困难也多，冥冥中他们以为有天上地下的鬼神和祖宗在主宰自己的命运，所以有事就要向他们请示汇报，问问应该怎么做。《礼记·表记》曰：“殷人尊神，率民以事神。”可以说崇拜和信仰鬼神是商王室的精神生活的支柱，商王朝大大小小的事都要通过占卜接受神示来做决定。鬼神中地

▲ 清·佚名《裘装对镜》

位最高的是“帝”，它主宰人间事物，拥有超自然的力量。因为占卜活动的频繁，商王室建立了占卜制度，由卜人、贞人、占人三类成员组成的机构，来保证占卜活动顺利进行。卜人是命龟取兆的人，由他们先把要询问的事情禀告诸神，再用火烧灼龟甲或兽骨，烧久了的甲骨爆裂形成枝杈状的裂纹，形成兆象。贞人就会盯着这些甲骨裂纹左看右看，细细地观察兆象，根据占卜知识，作出初步的预测，并把自己的预测结果禀报商王。商王既是政治上的最高统治者，又是最高祭司，他主宰占人，拥有兆象的最终测定权。“占”以会意方式，简洁地表达这种仪式，这个字内涵丰富，将殷商时代占卜活动浓缩在简单的点画之中。后来西周灭掉殷商，也继承了占卜习俗，设占卜官位。《周礼·春官·占人》记载说“占人掌占龟”。

邑，甲骨文作，金文作，小篆作。《说文解字·邑部》曰：“邑，国也。从囗；先王之制，尊卑有大小，从卩。”“邑”是个会意字，字形下面是一个弯曲下肢小心翼翼跪坐的人形，上面的那个“囗”表示城郭范围，合起来表示人聚居的地方。段玉裁注：“《左传》凡称人曰大国，凡自称曰敝邑。古国、邑通称。”在古代“国”和“邑”的意思是一样的，要注意的是这儿的“国”不是指国家。“邑”古代是指诸侯分给大夫的封地，人聚居的地方。诸侯的封地按公、侯、伯、子、男的尊卑分配，公、侯封地是百里，伯封地七十里，子、男封地五十里。诸侯所在的地方有宗庙先君之主曰“都”，无则曰“邑”。这就是“都”和“邑”的差别。“邑”的规模大小相差很远，有大邑，如商朝的国都叫“大邑商”；各地还有规模小的邑。甲骨文中常见“乍（作）邑”的记载，作邑就是造城邑。学者黄金贵认为，殷商时期，“邑”用来指有地、有房和界标的聚居村落，到了西周“邑”才经常用来称国都。如周公建设东都成周，中心地称“丰邑”。到了春秋时期，旧的城邑扩大，新的城邑修

建更多，清代顾栋高《春秋大事表》记载，春秋时期共有“都”23处，“邑”345处。“邑”就是指大大小小的城邑。在那个生产力落后、地广人稀的年代，确实还是小邑多，小到什么程度呢?《史记·周本纪》记载战国末年，秦昭王攻打周，“西周君奔秦，顿首受罪，尽献其邑三十六，口三万”。从这句话我们可以知道，平均每个邑人口不到一千，相当于一个小城。

删，小篆作。删，从刀从册。册，书也。在纸没有发明之前，古人的书籍是用笔墨书写在简牍上的。所谓简牍就是把砍伐来的竹子、木头劈成狭长的小片，将写字的这面打磨平滑，做成竹简与木牍，用来写字。一枚简牍有宽有窄，长度也不一样，有的三尺长，有的只有五寸，写信的牍长一尺，所以古人又把信称为“尺牍”。一枚简牍一般只书写一行文字，也有少数加宽的，可以书写两行文字。文字多了，就要用绳子、牛皮条或丝线把多片简串编成帘子的样子，叫“册”，一般用绳编2—5道。大多数的简牍是先编好，再

▲简

写字。如果写错了，需要修改，不像今天用电脑那样便捷，只要敲一下键盘，很快就能完成，而是先要用刀去削掉原来写的字句，然后打磨平滑，再写上新的。“删”的本义就是削除、除去。

明，甲骨文作，金文作，小篆作。“明”的本义是光明、明亮，与“暗”相对。“明”甲骨文字形左“月”右“日”，金文和小篆字形则把“日”变成了“囧”，即“窗户”形。学者商承祚说，“囧”像光之煽动，有明意。“月”移到了右边，月光照进窗户，该字依然是明亮的意思。《易·系辞下》曰：“日往则月来，月往则日来，日月相推而明生焉。”“明”为左右结构，明月皎皎是明，太阳出来也是明，两个叠加，日月同辉，更加光明。《荀子·天论》曰：“在天者莫明于日月。”会意造字，意思一目了然。唐代瀼水神《月夜吟》“夜月明皎皎，绿波空悠悠”和张仲素《圣明乐》“九陌祥烟合，千春瑞月明”，宋代周邦彦词《少年游》“而今丽日明如洗，南陌暖雕鞍”和刘澜《庆宫春》“春翦绿波，日明金渚”，这些诗词句都是描述日或月明亮的。

▲清·佚名《烛下缝衣》

妇（繁体字为“婦”），甲骨文作，金文作，小篆作。《说文解字·女部》曰：“妇，服也。从女持帚，洒扫也。”“妇”是会意字，从女从帚，取洒扫意，本义指已婚的女子。此字甲骨文、金文字形左边是一把扫帚，右边跪着一个女人，表示手拿扫帚打扫卫生的人就是“妇”。许慎的解

释是“服也”，“服”的意思是服侍、顺从等，显然这是父系社会男尊女卑的观念支配下女性的社会定位与职责。东汉班固《白虎通义·嫁娶》云：“妇者，服也，服于家事，事人者也。”女孩子出嫁后，她的主要职责是服侍公婆、丈夫和儿女，做包括洒扫在内的诸多家务。古代嫁女对夫家谦称“奉箕帚”“供洒扫”，也是这个意思。从“妇”的会意造字已经可以知道古代妇女的地位很低，要乖乖地服从丈夫的使唤，不允许有独立的个性，一生就在缝补、打扫、煮饭、带孩子、伺候丈夫的家务事中度过。许慎对“妇”的解释，完全受当时社会观念的影响。

会意是为了补救象形和指事的局限而创造出来的造字方法。和象形、指事相比，会意法具有明显的优越性：它不仅可以表示很多抽象的意义，而且它的造字功能强。《说文解字》收会意字1167个，比象形字、指事字多得多。但是，会意造字法本身具有很大的局限性：一是它所表示的意义是含混、不确定、不准确的。例如：“休”表示“人在树旁休息”，怎么就不可理解为“人在树旁劳动”？二是很多抽象意义的字是没法会意的。例如：代词“我”和副词“很”，怎么会意？基于这些局限性，必然有其他的造字方法出现。

形声者，以事为名，取譬相成，江河是也。

——汉·许慎《说文解字·叙》

许慎《说文解字·叙》曰：“形声者，以事为名，取譬相成，江河是也。”“事”指外界事物意义类别，“名”指意符，“譬”指声音，“相成”即相合的意思。“以事为名”指用事物相关的字来造字，表示新字的意义，这是就形而言。“取譬相成”指取读音相近的字来表示新字的读音，这是就声而言。也就是说，形声字的造字方法是以想表达的事物相关的字做形旁，再取比拟新字读音的字做声旁来合成新字。形声字是在象形、指事、会意字的基础上创制的。它是由两个以上的字合成的，形旁表示意义范围，声旁表示声音类别。许慎举例“江”“河”二字都是属于水一类的事物，就用三点水做形旁，而两字的读音与“工”“可”相近，就用“工”“可”做声旁，来比拟字音。形旁又称“意符”，表示该汉字所属的意义类别，声旁又称“声符”，两者构成形声字。

形声字最多的是一形一声的造字形式，即一个意符一个声符构成一个字。如江、河两字。

形声字在汉字中占有很大比例，它的来源有以下几类：

第一类是假借字加意符。当有个字被假借后，相当于本字与借字同形，本义与假借义容易混淆，让人在理解上产生歧义，为了明确表示假借义，就以借字作声符加上意符来造一个形声字。

农（繁体字为“農”），甲骨文作[古文字]，金文作[古文字]或[古文字]，小篆作[古文字]。这个字造字时用会意方法，《甲骨文编》中所收“农”的12个字形都是从林从辰。从林，是因为上古农耕先要割草伐木，将长满草木的野地清理干净；从辰，是因为铁器农具没有出现前用蜃蛤的壳做农具。“农”的本义表示农作之事。《金文编》中收录“农”的12个字形，只有一两个字形与甲骨文同，其他大部分字形上面是田、艸，下面是手拿着辰（蚌制农具）。后来“农”被借去表达“厚”这个意思，假借义为“浓厚”，以“农”为借字作声符，加上意符水、禾、月、酉，形成了一组新字：浓、秾、脓、醲等，它们都是假借字作声符的形声字。

易，甲骨文作[古文字]，金文作[古文字]，小篆作[古文字]。“易”是个象形字，甲骨文和金文字形的右边表示蜥蜴的头，左边三画表示蜥蜴竖起来的鳍。本义为蜥蜴，后来假借表示变易、交易等词义。“易”字的假借义使用频率远远高过表达蜥蜴的“易”，时间久了，鸠占鹊巢，长借不还，为了区分“易”的本义蜥蜴，就在“易”上加上意符“虫”，来表达蜥蜴的意思。而假借字“易”在古籍中常常被借音去表示赏赐的赐、剔除的剔等词，充当不同词义的假借字，后来根据这些不同的意义，在借字“易”上加上了意符贝、刀，造了新的形声字。

第二类是象形、指事、会意字加声符。

自，原来是象形字，甲骨文作[古文字]，金文作[古文字]，小篆作[古文字]，都像肉嘟嘟的鼻子。《说文解字·自部》曰：“自，鼻也。象鼻形。”“自”的本义是鼻子。后来“自”

▲蜥蜴

身兼数职，一字多义，被用来表示自己、开始等引申义，还被借去作介词，为了表示区别，就在“自”上又加了声符“畀”，变成了“鼻”，来表示“自”的本义。

齿（繁体字为“齒”），甲骨文作，是个象形字，就像牙齿在嘴里一颗颗清晰地露出来的样子，到了金文变成，篆文又变成，象形字上加了声符“止”，变成了形声字“齿”。

暨，《说文解字·旦部》曰：“暨，日颇见也。从旦，既声。”此处造字是在会意字“旦”上加声符“既”，变成形声字“暨”。本义是太阳初出，在地平线上刚露头。

第三类是把象形、指事、会意字的一部分改换成声符。

囿，甲骨文作，金文作，小篆作。甲骨文“囿”是象形字，像有草木生长的园地，外面的方框表示四周有矮墙，金文则把甲骨文“囿”的字形中间的草木形状换成“有”，从囗有声，“囿”变成了形声字。《说文解字·囗部》曰：“囿，苑有垣也。”“囿”的本义就是古代有围墙的园林，用以蓄养禽兽供王室贵族玩赏。《孟子·梁惠王下》曰：“臣闻郊关之内有囿方四十里，杀其麋鹿者如杀人之罪。”这句话的意思是，我听说齐国首都郊外关门之内的有围墙的园林方圆四十里，谁猎杀里面的麋鹿，就等于犯了杀人之罪。

第四类是象形、指事、会意字上加意符。

娶，从女取声，是个形声字。《说文解字·女部》曰：“娶，取妇也。”早期嫁娶之娶的初文是“取”。《诗经·齐风·南山》曰：“取妻如之何？必告父母。”句中“取”意为“迎娶”，是它的引申义。后来为这个引申义加上意符“女”，变成“娶”。声符“取”，声中有“取”义，表示抢夺“女”成婚。在母系氏族社会里，女子生活在自己家里，男子走婚或从妻子而居，得以维持

母系家族的延续与完整。后来随着社会发展，父系氏族社会逐渐形成，男人会强制女子随自己回家居住，这时矛盾冲突就激烈了，女方不顺从就动用武力抢回家再说，抢婚习俗就这样慢慢地形成了。这个字可以看作是古代母系氏族社会向父系氏族社会过渡历史时期中抢掠婚俗的一个缩影。

▲ 嫁娶

止，甲骨文作，金文作，小篆作。此字从甲骨文到小篆都是象形字，像人的脚，本义是足、脚。脚可以用来站立，引申后表达停止、停息的意思，继续引申后，还表达静止、居住、截止等意思。“止”越来越多地用来表达引申义。人们就在“止”上加上意符“足”，用新造的形声字“趾”来表达脚的意思。

第五类是以旧形声字为来源来造字，有的新字是在旧形声字上加意符而来的，如“影”；有的新字是变换原有形声字的偏旁而造，如“赈”；有的是异体关系的形声字，如“绔—裤”“邨—村”。

景，形声字，本义是光。《说文解字·日部》曰：“景，光也。从日，京声。”西晋左思《咏史》：“皓天舒白日，灵景耀神州。”诗句描写明亮的天空中太阳放射着光芒，日光照耀神州大地。“灵景”指的是日光。“景”引申后指光线被挡住后形成的阴影。《集韵·梗韵》曰：“景，物之阴影也。”后来为引申义造新字，以“景”为声符，加上意符“彡”，新造一个形声字“影”，来表达物之阴影的意思。

振，本义为赈济。《礼记·月令》曰：“天子布德行惠，命有司发仓廪，赐贫穷，振乏绝。”这句话的意思是，天子要传布德政，施行恩惠，命令官吏打开粮仓，赏赐贫穷的百姓，赈济困乏断粮的人。后来为“振”改换形旁，把提手旁改成贝字旁，造了一个新的形声字“赈”，表达赈济的意思。

绔，《说文解字·糸部》曰：“绔，胫衣也。从糸，夸声。”“绔”本义指套裤，读音与“库”相近，后来就出现从衣、库声的“裤”。绔、裤这两个字形体差异大，声旁与形旁都不同，但意义完全相同。

又如“邨”和“村”也是异体形声字，都表示村落。邨，小篆作，从邑、屯声，指人口屯聚之地方——村庄。“村”是后起的形声字，从木、寸声。《集韵·魂韵》曰：“村，聚也。”后来表示村庄意思的字都写作“村”。

依据形声造字法，另起炉灶新造的形声字也不少。秦汉以后出现的新字多半是新造的形声字。据国内学者统计，形声字在商周时期的甲骨文、金文中所占比例在20%左右，到了战国时期这个比例提高到50%左右，而东汉时期形声字数量大大增加，将近90%。这时候，汉字的性质发生变化，已从表意文字过渡到意音文字。

高明《中国古文字学通论》指出：“形声字的出现，是汉字由表意走向表音的重大发展……由于汉语的发展，新词不断增多，表意汉字因形体构造比较困难，故难以适应汉语的要求，当汉字的制造将要走向枯竭的情况下，于是在假借字的基础上产生了形声字，从而使汉字得到新生，由表意转为表音。”

乡村剪纸

转注者，建类一首，同意相受，考老是也。

——汉·许慎《说文解字·叙》

许慎《说文解字·叙》曰："转注者，建类一首，同意相受，考老是也。"这种解释，让人有点不好理解，所以造成后世对"转注"的解说，总共不下几十种。

高明等学者把历代对转注的解说大致归纳成三种代表性意见。

第一种可以称为主形派，以南唐徐锴、清代江声为代表，主要从形体、偏旁、部首来说明转注意义。他们认为"建类一首"是指偏旁部首，"同意相受"指部首相同、意义相近的一类字。如江声《六书说》云：

> 立老字为部首，即所谓建类一首。考与老同意，故受老字而从老省。考字之外，如耆、耋、耇之类，凡与老同意者，皆从老省而属老。是取一字之意以概数字，所谓同意相受。

他主张同部首、同事类的字为转注字。按照这种说法，《说文解字》540部，同一部为一首，部首下说凡某之属皆从某，即同意相受。这一派对许慎转注定义的理解是，转注字需要有两个条件：一是同一部首，二是字义相同或相近，可以互相训释。两者缺一不可。如果不同部首，虽能互相解释，也不能叫转注；如果是同一部首，意义不同的，不能互相注释的，也不算转注。

第二种意见可以称作主义派，以清代戴震、段玉裁的“互训说”为代表，主张从字义方面来解释转注，凡是意义上可以“互训”的字都是转注字，而不管其形体构造如何。什么叫互训呢？就是用意义相同的字相互训释，甲可以解释乙，乙也可以解释甲。这一种意见可以看段玉裁为《说文解字·叙》所作的注：

> 建类一首，谓分立其义之类而一其首，如《尔雅·释诂》第一条说“始”是也。同意相受，谓无虑诸字，意旨略同，义可互受，相灌注而归于一首，如初、哉、首、基、肇、祖、元、胎、俶、落、权舆，其于义或近或远，皆可互相训释，而同谓之“始”是也。独言考老者，其显明亲切者也。老部曰：老者考也，考者老也。以考注老，以老注考，是之谓转注。

举例子用“老”与“考”这两个字，因为这两个字意思相同，但“老”是会意字，“考”是形声字，两者互训的基础是他们的意义相同。古文中，经常出现寿考（高寿）、考终年（享尽天年）等词语，这里的“考”就代表“年纪大”之意，与“老”意思相同。这段话中还举了《尔雅·释诂》中“初、哉、首、基、肇、祖、元、胎、俶、落、权舆、始”的例子，意思也是这些字虽然意义有远近的差别，但都可以互相训释，因为都有开始的意思，都是转注字。

第三种意见可以称为主声派，以章太炎的“声类说”为代表，主张从字音方面解释转注。以同一语源派生出来的词造字为转注，还要符合声音相转、字义相通的条件。他说："什么叫做转注？这一瓶水，展转注向那一瓶去；水是一样，瓶是两个。把这个意思来比喻，话是一样，声音是两种，所以叫做转注。譬如有个'老'字，换了一个地方，声音有点不同，又再造个'考'字。"章太炎认为转注与假借都是造字的规则。所谓互训的转注，并不是"六书"之一的转注；而同声通用者，后人虽然都称作假借，其实也不是"六书"之一的假借。章太炎所说的转注字就是指意义相同、声音相同或相近的字，这些字也可以不管形体如何。

▲ 寿星

他解释何谓"建类一首"，"类"就是声类，不是指540部；"首"就是声类语基，也即声首。"考"与"老"古时属同一声部，其义互相容纳接受，是一个意思，但读音有小的差别，按形体则同枝别干，从语言追溯则同一根源，虽然造字有别，但实际属于意义相同、声音相同或相近的字，双声也是如此，同音也是如此，举"考""老"为例子，能包括两者了。

这三派的解说表达了从宋代以来，学者对转注的理解与解释，众说纷纭，莫衷一是，无有定论，其根本的原因在于许慎对转注的解说语焉不详。古文字学家裘锡圭对此曾发表过自己的意见："转注究竟是什么？这是争论了一千多年的老问题，对转注的不同解释非常多，几乎所有可能想到的解释都已经有人提出过了。在今天要想确定许慎或创立'六书说'者的原意，恐怕是不可能的。"

近代以来，这三派意见中主声派对后来的学者有很大影响。众所周知，从体用的角度，转注是用字法还是造字法也分成两派。主张转注是一种造字法的学者，深受章太炎提出的"声类说"的启发。章太炎《转注假借说》指出，凡是意义相同、声音相同或相近的同一语源的字，就是转注字。他的再传弟子语言学家陆宗达继承并发展了这一观点，指出："为某一语源派生的新词制造新字，这是汉字发展的一条重要法则，也就是转注。"陆宗达在《说文解字通论》对转注造字的法则作出阐释：第一是因方言殊异或古今音变而制字，第二是因词义发生变化而制字，第三是为同一语根派生的相互对立的词制字。孙雍长在其专著《转注论》中更明确地提出，转注就是加注意符，是一种实实在在与汉字造字构形有着密切而直接关系的造字法则。他甚至认为转注是比其他造字法更为重要的"汉字孳乳之大法"。从中可以看到转注理论已经打破了传统阐释的框框，开辟了研究的新途径。

▲ 清·竹禅《寿考图》

假借者，本无其字，依声托事，令长是也。

——汉·许慎《说文解字·叙》

许慎《说文解字·叙》曰："假借者，本无其字，依声托事，令长是也。"这句话的意思是，假借就是出现了一个新词，有声音但没有造字，可以依照这个词的声音，用一个音同或音近的字来代替。也就是说，假借是借用已有的字，表示音同或音近而不同义的字。借者和被借者之间的基础是音同或音近（即"依声"），意义上没有任何联系。比如"令"，本义是发令，借为时令、县令的令；"长"本义是头发长，借来表达首长、生长的长。

假借字出现年代早于形声字，在商代甲骨文中就已经出现。假借字是造字的速度跟不上表达事物的需求情况下出现的一种变通方法。清代孙诒让《与王子壮论假借书》谈到假借时说：

> 天下之事无穷，造字之初，苟无假借一例，则逐事而为之字，而字有不可胜造之数，此必穷之数也，故依声而托以事焉。视之不必是其字，而言之则其声也；闻之足以相喻，用之可以不尽，是假借可救造字之穷而通其变。

孙诒让这段话分析了假借字出现的原因，他认为天下的事物是没有穷尽的，造字初期，如果没有假借之类的方法，每个事物都要造字与之对应，那就要造无数字才能满足要求。这是不现实的，所以就出现了假借音同或音近的字来表达各种事物的情况，也就是用“依声托事”的方法，把一个字当数个字来用，可以控制字数的总量。人们看到的不一定是为这个词造的本字，表达的却是这个词的声音，听到的人能够明白意思，用这种方法可以没有穷尽，这就是假借可用来补救造字不足的变通。

对于许慎“本无其字，依声托事，令长是也”这个解释，唐兰在《中国文字学》中评论道：“许叔重所谓‘本无其字，依声托事’，解释得很好。可惜他把例举错了。他所举‘令长’二字，只是意义的‘引申’，决不是声音的‘假借’。像：‘隹’字为鸟形的借为发语辞，‘其’字为箕形的借为代名词，这才是真正的假借。”

东汉的班固与许慎把假借与前四书一样当作造字方法，可是在《说文解字》里，只有象形、指事、会意、形声四种造字法能解释清楚，假借与转注都是没有解释清楚的。南唐徐锴则认为假借是一种用字方法。他把假借分成“本无其字”的假借和“本有其字”的假借，如将“焉”（本义为黄色鸟）假借为虚词，这是本无其字的假借，而将“伸”写作“信”，是本有其字的假借。到了宋代，学问家郑樵提出假借可以分成两种：一种是有义的假借，包括同音借义、协音借义、因义借音、因借而借；另一种是无义的假借，包括借同音不借义，借协音不借义。其中真正可以算得上假借的就是借同音不借义。清代学者戴震提出“四体二用法”，认为“六书”的前四书是造字法，称之为“四体”，后二书假借、转注称之为“二用”。戴侗解释假借也只是限于“本无其字”的假借。而段玉裁为《说文解字·叙》作注，将假借范围扩大到引申、本无其字的假借和本有其字的通假。著名学者王宁说：“假借是用一个

字来记录两个（或两个以上）同音词的现象。被记录的两个同音词中的一个，其词义与字形密切相关，而另一个词义则与字形不相干，纯粹是声音的依托。就这个字的‘负荷’而言，一是通过形体来承担本义，一是通过声音来托负借义。”

汉字在甲骨文阶段，就已经常常采用假借方式来记事作文。有学者指出，商代是汉字假借盛行的时代，从现在保存的甲骨卜辞看，假借字占的比例是70%以上，持续了1000多年，到秦代才结束。

假借可以分成两类，其一是本无其字的假借，即许慎说到的：“假借者，本无其字，依声托事，令长是也。”他说的是假借的意思，就是有些词语有声音，但没有专门造字，就借用同音字或音近字来表达。如甲骨卜辞中有一句话：“其自东来雨?”其中有四个字是本无其字的假借：“其”甲骨文作，像簸箕形，为“箕”本字，此处借用为语气词；“自”是“鼻”的本字，此处借用来表示介词“从”；“东”甲骨文作，是“橐”的本字，字形像袋子装满东西后两端扎紧的形状，后借用专指方向；“来”甲骨文作，像麦子形状，中为麦秆，顶上为麦穗，中间两侧是下垂的叶子，下面是根，本义是麦子，假借作动词用，表示“来到”。

本无其字的假借可分成四种：

一是久借不还，本字另造新字。指的是音同或音近的字被借用后，不再归还，成了假借义的专用字，而本义反而要加形旁造新字。如上面所说的“其”借为语气词后，本义加形旁“竹”，造新字“箕”。再如“县”，繁体字为“縣”，本来是个会意字，金文作，像悬挂脑袋示众。《说文解字》曰：“县，系也。”其本义为悬挂，借用作行政单位名州县的“县”，为本义加形旁“心”，造新字“悬（懸）”。

二是借了又还，借义另造新字。这一类是为假借义造新字，如“说”又假借为喜悦之“悦”。《论语》：“学而时习之，不亦说乎。”后来为“说”的假借义造新字“悦”。再如“弟”，本义为次第，引申为兄弟，假借义为孝悌。《荀子·王制》曰：“劝教化，趋孝弟。”后为假借义造新字“悌”。

三是借义通行，本义废用。有些字的本义湮废了，假借义却变成常用义，如上文所举“来”“自”“东”三字均属此类。我，甲骨文作，金文作，小篆作。它的甲骨文、金文字形像有齿的兵器，本义是一种武器，借为第一人称代词，本义反而湮没无闻。

四是本义与借义并用的假借字。即一个字身兼二职，既表示本义，又表示借义。许慎说的“令”“长”二字就属于这一类。令，甲骨文作，是个上下结构的会意字，像集聚人群，发布命令，本义就是发令。如《论语·子路》曰：“其身正，不令而行。”孔子说自身品行端正，即使不发布命令，老百姓也会按要求去做。假借为县令之“令”，意思是县一级行政长官。如褚少孙《西门豹治邺》言：“魏文侯时，西门豹为邺令。”长，甲骨文作，金文作，小篆作。甲骨文“长”为象形字，本义是人的头发长。《说文解字·长部》曰：“长，久远也。”引申假借为长久的“长”，长短的“长”，假借为县长之“长”。“令”“长”二字都是引申后假借的。这一类引申，裘锡圭等学者认为应该与假借区别开来。

假借另一类是本有其字的假借。这种情况古籍中常见，经常是有本字不用，而借用音同或音近的字。这种假借就是通假，以古音的音同或音近为前提。东汉郑玄《经典释文·序录》说这种假借是：“其始书之也，仓卒无其字，或以音类比方假借为之，趣于近之而已。”也就是古人用字时想不起来本

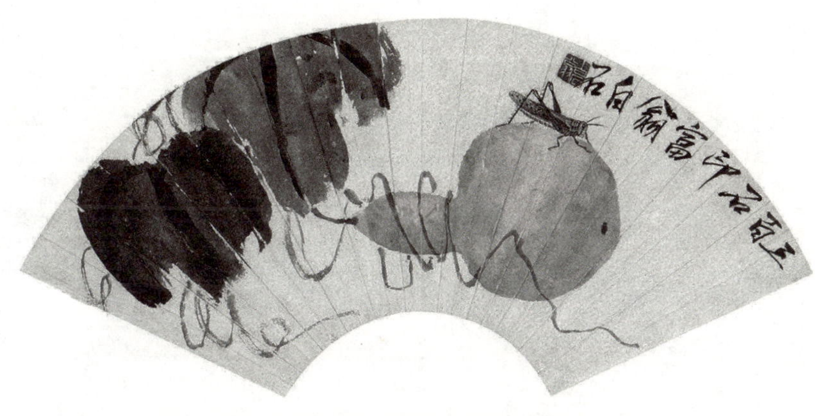

▲ 现代·齐白石《葫芦图》

字，就借用一个音同或音近的字代替。如《左传·文公十八年》曰："乃入，杀而埋之马矢之中。"用"矢"代替"屎"。《鹖冠子·学问》曰："中河失船，一壶千金。"用"壶"代替"瓠"。瓠是一种葫芦，可以做腰舟（指古人把瓠系于腰间，用以渡水）。

由上可知，假借是一种造字的手段，它虽然不直接产生新字，但却可以使原有的字产生新的意思，即字形是同一个，可意思增多了。假借字的使用，突破了固有的造字方法，开辟了以语音为线索记录语言的新途径，扩大了汉字的应用范围，在汉字发展史上起到了重要的作用。

第三章

汉字性质及音形义的关系

汉字之性

汉字的性质

异体字

同源字

古今字

通假字

假借字

同源字

古今字

汉字的性质

本义与引申义

假借字

异体字

通假字

假借字

声不能传于异地，留于异时，于是乎书之为文字。文字者，所以为意与声之迹也。

——清·陈澧《东塾读书记》

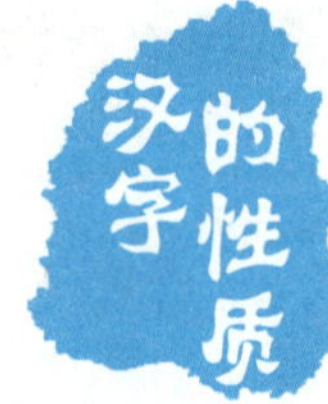

汉字与其他文字一样，都是为满足记录语言的需要而产生发展的。我们的祖先用口头语言交流远远早于我们的文字发明之前。在蛮荒时代，原始人类过着渔猎采集的生活，哪个地方有猎物，哪个地方树上有果实，哪个地方有野菜，哪个地方有洞穴可以住，都需要交流，渐渐地，口语就产生了。

语言学界关于口语的产生有多种假设，如马克思的“劳动创造语言”说，说的是古人在亲近自然，与自然做斗争的时候，需要用某种有确定意义的声音把大家的行动统一起来，比如抬木头，要齐心协力，自然发出“嗨哟嗨哟”的声音，这样凡是抬东西就发出这种声音，于是与特定的意义联系在一起，就变成了大家都知道意义的口语。这就是语言起源的一种很有影响的说法。其他还有“感叹说”，认为语言起源于表达情感的感叹词；“摹声说”，认为语言起源于对自然界各种声音的模仿；还有“唱歌说”，认为语言起源于原始歌唱，等等。这些都说明口语产生是原始人类生活环境中诸多因素造成的，并不是单一的。

值得注意的是任何语言都有两个要素：语音和语义。语音是语言的外部

形式，语义则是语言的意义内容。中国最早的语言产生在什么时候？一般学者多推测在10000年以前，高小方教授则认为汉语口语在30000年前已经萌芽。而汉字则在口语产生后很久才出现，从西安半坡遗址发掘的陶器刻画符号，可见距今7000多年前才出现汉字雏形。汉字的出现是为了汉语书面表达的需要，它是记录汉语言的书写符号系统。

2000多年前古希腊哲学家亚里士多德就说过："口语是心灵的经验的符号，而文字则是口语的符号。"瑞典语言学家索绪尔说："语言和文字是两种不同的符号系统，后者唯一的存在理由是在于表现前者。"南宋文字学家戴侗所著的一部用"六书"理论来分析汉字的字书《六书故》上曰：

> 夫文生于声者也，有声而后形之以文，义与声俱立，非生于文也。

先有语言后才有文字，语言是第一性的，文字是后来才有的。汉字的定义，就是记录汉语的符号。

清代著名学者陈澧《东塾读书记》曰：

> 声不能传于异地，留于异时，于是乎书之为文字。文字者，所以为意与声之迹也。

他认为声音不能传到不同的地方，留存在不同的时间，所以把它书写成文字。文字是意义与声音的痕迹。其实，文字就是用来表达语言的意义与声音的，语言是音义结合体，而文字可能只记录其中的声音或意义。

汉字记录语言时，有自己的特点。汉字与汉语都是观念的符号。文字就是第二语言，汉字记录语言，主要与意义发生关系。著名文字学家唐兰曾经说过："文字用它自己的形体来表达人的思维活动、认识活动。"汉字的发展历史，也是汉字记录汉民族语言的方式不断演进变化的过程。初期汉字不能准确记录语言，但随着一代又一代先人的努力，汉字越来越贴近于实际运用，越来越准确地记录了语言。

汉字是什么性质的文字呢？19世纪20年代以来，对这个问题学者们有不同的看法，关于汉字性质的争论很多，成为汉字学科基本理论研究的焦点。世界文字发展的历史上，有一些学者把汉字称为表意文字，指的是汉字的字形直接表达事物或概念的意义。把汉字与公元前3000多年左右底格里斯河和幼发拉底河流域的美索不达米亚南部苏美尔人创造的楔形文字列为同一类。苏美尔人关于楔形文字起源的说法保存在史诗《恩美卡与阿拉塔之君》中：库拉巴的国君轻拍陶泥，把自己的旨意刻在泥板上。传说楔形文字和泥板最初是因国家之间交流的需要而产生的。

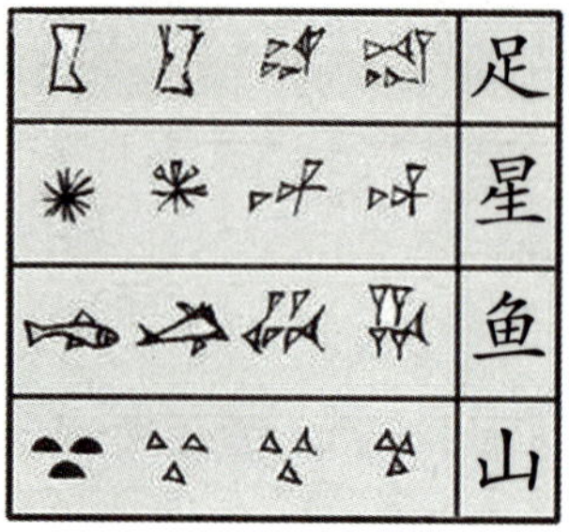

足

星

鱼

山

▲ 楔形文字

当时，苏美尔人把芦苇秆、骨棒、木棒头上削成三角形，用来在湿湿的黏土泥板上写字，形成笔画像钉子那样的楔形文字，写完了晾干烧制，可以长久地保存下去。泥板大小差很远，最大的有近三米长，两米宽。目前出土文物中最早的苏美尔楔形文字是伊拉克南部乌鲁克古代遗址出土的。

楔形文字最初也是图画文字，与中国的甲骨文中的象形文字有相似的地方。据黄亚平、杨冬冬等学者统计苏美尔原始楔形文字有900—1200个之间，其中象形字有128个，而甲骨文总数在3900个左右，其中象形字有261个。甲骨文出现年代比苏美尔原始楔形文字要晚2000多年，两者在字体特征上类似，而且都是线条构成的，是经过事物特征提炼后比较抽象的字形，而且大

▲ 写有楔形文字的泥板

部分表达相同意义的字形不同。据统计，甲骨文与苏美尔楔形文字的象形字中意义相同并且字形相似的字只有28个，其中字形相似的只有8个。

楔形文字对西亚民族影响很大，古代巴比伦人、亚述人、波斯人等稍作修改后都曾经使用过这种文字，渐渐地才发展成苏美尔语的表意文字。

英国语言学家帕尔默说："在中国，一如在埃及，文字不过是一种程式化了的、简化了的图画系统。就是说，视觉符号直接表示概念，而不是通过口头的词再去表达概念。这就意味着，书面语言是独立于口头语言的各种变化之外的。"帕尔默替汉语定性是表意文字，可以不通过语言直接表达概念。无独有偶，瑞士语言学家索绪尔也把汉字的性质界定为表意文字，他曾说世界上"只有两种文字体系：(1）表意体系。一个词只用一个符号表示，而这个符号却与词赖以构成的声音无关。这个符号和整个词发生关系，因此也就间接地与它所表达的观念发生关系。这种体系的典范例子就是汉字。(2）通常所说的'表音'体系。它的目的是要把词中一连串连续的声音摹写出来，表音文字有时是音节的，有时是字母的，即以言语中不能再缩减的要素为基础的"。显然，索绪尔是把汉字、圣书字、楔形文字等列入表意文字，而把音节文字、辅音文字、音素文字等使用少量字母记录语音从而记录语言的文字列入表音体系，如英语、法语、德语、俄语、阿拉伯语等，它们都使用字母记录语音表达语言。索绪尔的观点与帕尔默的有区别，他注意到汉字是通过记录词来与所需表达的意义发生关系的。

▲清·张熊《池鱼图》

讲汉字是表意文字，是就传统文字学中象形、指事、会意这几类字而言的。当汉字在它的初期阶段，它的构形方式主要是通过对物象的勾勒描写来构造文字形体的，犹如一幅简笔画，如：

山，甲骨文作，金文作，小篆作。

水，甲骨文作，金文作，小篆作。

人，甲骨文作，金文作，小篆作。

鸟，甲骨文作，金文作，小篆作。

虫，甲骨文作，金文作，小篆作。

鱼，甲骨文作，金文作，小篆作。

角，甲骨文作，金文作，小篆作。

贝，甲骨文作，金文作，小篆作。

或者是具体物象的复合来构造形体，如：

盥，甲骨文作，金文作，小篆作。

涉，甲骨文作，金文作，小篆作。

象形、指事、会意这几类汉字与语言只有意

义上的联系。第二阶段，象形符号演变为意化符号，于是原有的直观象物性减弱，使用的字符由图像变成意符。第三阶段是形声阶段，字形表达的意义淡化，在意符上加声符或声符兼意符，这样形声字的形旁表示意义，是意符；但其声旁与形声字代表的词有声音的联系，是声符，而且常常是声中有义，我国古代的学者很早就发现汉字已经能够表意兼表音了。汉末刘熙作的训解词义的书《释名》，是一部从语音的角度解释词义，并推求词义由来的著作。他在论述时注意到了当时的语音与古音的异同。

1957年，著名语言学家周有光在《文字演进的一般规律》一文中明确提出汉字是“综合运用表意兼表音两种表达方法”的“意音文字”。他说：“从甲骨文到现代汉字，文字的组织原则是相同的，也就是说，我们的文字在有记录的三千多年中间始终是意音制度的文字。古今的不同只是在形声字的数量和符号体式的变化上。”在现代汉字中，形声字所占比例达到百分之八九十，这种说法显然更为准确地表达了汉字的性质。

当然还有其他看法，如对中国古文字颇有研究的姚孝遂教授主张汉字是表音文字，他认为古代汉字“并不是通过它的符号形体本身来表达概念，而是通过这些文字所代表的语音来表达概念。绝大多数古文字，其形体本身与所要表达的概念之间，并无任何直接的关系”。他还认为甲骨文的每一个符号都有固定的读音，完全是表音文字的体系。又如高小方教授认为：“汉字是含有表音倾向的表意类型的文字，字形与意义有密切的关系，分析字形有助于对本义的了解。”学习字是为学习词、语法概念做准备，所以学古代汉语一定要了解汉字的性质。

以上这几家意见都是从汉字的表达功能角度来定性的。从汉字的记录单位来定性的，主要有一派主张汉字是语素（词素）文字。因为汉字以外的文字都只是形和音的结合，只有汉字是形、音、义三结合。被誉为“中国现代语言学之父的”赵元任说：“在世界上通行的能写全部语言的文字当中，所用的单位最大的文字，不是写句、写短语的，是拿文字一个单位，写一个词素……用一个文字单位写一个词素，中国文字是一个典型的最重要的例子。”例如：蛋糕、牙膏、高粱三个词中都有“gāo”这个音，读音相同但意思却不同，是三个不同的语素，要分别用三个不同的汉字来表达。吕叔湘、朱德熙等语言学家都赞成汉字是语素文字这个看法。美国语言学家布龙菲尔德则认为汉字是表词文字，表达了欧美语言学界的看法。

北京师范大学汉语言文字学专家李运富教授在仔细研究各家意见后，提出自己对汉字性质的定义：汉字是用表意构件兼及示音和记号构件组构单字以记录汉语语素和音节的平面方块型符号系统。

著名古文字学家裘锡圭在《文字学概要》中说：“语素—音节文字跟意符音符文字或意符音符记号文字，是从不同的角度给汉字起的两种名称。前者着眼于字符所能表示的语言结构的层次，后者着眼于字符的表意、表音等作用。这两种名称可以并存。”

从本义到引申义，是古人联想与类推思维发展的结果。

汉字的本义是造字之初赋予文字的原本意义。如“臭”，本义是嗅，用鼻子辨别气味，读 xiù，从自从犬，自是鼻的本字。会意字“臭”的甲骨文作，上部是一个大鼻子（自）的形象，下边是一个头朝上、腿朝右、尾朝下的犬。《说文解字・犬部》曰：“臭，禽走，臭而知其迹者，犬也。”鸟兽跑走了，能嗅到气味知道它们踪迹的是狗。看来古人早就知道狗的嗅觉是最灵敏的，用鼻子和犬来会“嗅”之义，很有意思。《荀子・荣辱》曰：“彼臭之而无嗛于鼻，尝之而甘于口，食之而安于体。”他们闻着那些食物鼻子感觉舒服，尝着那些食物而在嘴里感觉甘美，吃下那些食物而在肚里感觉安逸。这句话中的“臭”用的也是本义“嗅”。

探求汉字本义的方法主要是分析字形，因为古汉字具有因形示意的特点。象形字、指事字、会意字通过字形分析后，比较容易领悟它所记录的那个词的本义。如指事字“亦”，甲骨文作，像正面站立伸开双臂的人，在他的腋下各有一个小点，标示腋窝所在的位置，所以它的本义就是“腋窝”。会意字“旦”，本义指早晨。《说文解字・旦部》曰：“旦，明也。从日见一上。

一，地也。”“旦”字形像一轮红日在地平线上方，旭日东升，天地光明，正是早晨景象。形声字由形旁（表示字的意思）和声旁（表示字的读音）两部分组合而成。形声字本义探求可以从形旁分析这个字的归属。如“访”，言字旁（讠）表意，像张口说话状，因此言字旁的字都与“说话”有关；“方”表声，兼表一方向另一方询问。《说文解字·言部》曰：“访，泛谋曰访。”泛谋就是广泛地征求意见。“访”的本义就是咨询、征求意见。根据字形探求本义虽然是主要的方法，但要考证其是否正确，还需要古代文献资料来验证，否则会闹笑话。比如“牢”，甲骨文作，从字形上看是把牛关在围栏里，似乎它的本义应该为牛圈，可考察古代文献后发现，它的本义并不是单指牛圈。《说文解字·牛部》曰：“牢，闲，养牛马圈也。”唐代陆德明《经典释文》曰：“养牲所曰牢。”由此可见，“牢”的本义应该是关养牲畜的栏圈。

▲ 清·钱载《墨兰》

引申义是由本义引申出来的意义，是造成汉字一字多义的原因。如“臭”本义是“嗅”，引申指气味，作名词。《易·系辞上》曰：“同心之言，其臭如兰。”心意一致的言语，它的气味像兰草

一样芬芳。《玉篇·犬部》曰："臭，香臭总称也。"古人把气味，不管是香气还是难闻的臭气通通称作"臭"。"古者香气、秽气皆名为臭。"这是唐代孔颖达为《尚书·盘庚中》"臭厥载"做的注。引申义有直接引申义，如"臭"从本义"嗅"引申为气味，这是因为"嗅"这个动作的结果是闻到气味，所以直接引申义"气味"就产生了。"臭"的间接引申义为难闻的气味，读chòu，是在包括香臭在内的"气味"的基础上引申出来的，因此是间接引申义，是引申义的引申。

汉字字义的引申方式，主要有以下几种：一是字义的扩大。如"匠"的外框"匚"是一种方形盛物器，里面的"斤"是木工用的斧子。它的本义就是指木工，后来泛指一切工匠。还有如"江""河"，古代专指"长江"和"黄河"，后来成为河流的通称。二是字义的缩小。如前文说到的"臭"，原来指一切气味，后来只表示难闻的气味。还有如"汤"（繁体字为"湯"），小篆作，本义为热水，左边的"氵"是形旁，说明汤与水有关；右边的"昜"本是"阳"（繁体字为"陽"）的初文，就是说水在太阳的炙烤下变成了热水。后来"汤"的字义缩小，表示食物煮过后的汁水。三是字义的转移。如"兵"，甲骨文作，字形上部"斤"指斧状的武器，下部是握武器的两只手，本义是兵器。后来"兵"字引申为"士兵"。再如"去"，甲骨文作，上部是个人形，下面是古人所居住的洞穴的出口，人从洞穴里走出来，表示"离开"的意思，是它的本义。后来"去"的字义转移为"前往"。

从本义到引申义，是古人联想与类推思维发展的结果。比如"活"，小篆作。《说文解字·水部》曰："活，水流声。""活"是个形声字，本义是水流声，读guō。《诗经·卫风·硕人》曰："河水洋洋，北流活活。"说的是黄河之水浩浩荡荡，激越奔流向北而去。南朝宋诗人谢灵运《登石门最高顶》

云：“活活夕流驶”。这里的“活活”也是水流声的意思。谢灵运游的石门山在浙江嵊州，他在《游名山志》中提到：“石门涧六处，石门溯水上入两山口，两边石壁，右边石岩，下临涧水。”流水活活的声音，正是溪涧流水发出的声音。由水流声直接引申为活动、流动，如南宋朱熹《观书有感》曰：“问渠那得清如许，为有源头活水来。”“活”的引申义最常用的是“生存”，与“死”相对，因为流动的东西是活的。如《孟子·尽心上》曰：“民非水火不生活。”此句意思是百姓没有水和火便不能生存。又如唐杜甫《奉先刘少府新画山水障歌》曰：“不见湘妃鼓瑟时，至今斑竹临江活。”引申的“活”字读音为huó。

▲ 明·沈周《高岭嵯峨曲涧幽》

凡音义皆近，音近义同，或义近音同的字，叫做同源字。

——王力《同源字论》

同源字

同源字，顾名思义，就是具有同一来源的字。语言学家王力先生在《同源字论》一文中说："凡音义皆近，音近义同，或义近音同的字，叫做同源字。"例如：

句，甲骨文作，金文作，小篆作。《说文解字·句部》曰："句，曲也。""句"的本义就是弯曲，读音为"gōu"。后来这个字在表达弯曲的意思上，常常写作"勾"。"勾"最初是"句"的俗字，后来取代"句"。

"句"在古代地名中常常见到，如句容、句章、高句丽、句无、句卢山、句溪、句曲山等等。这些地名带"句"字的地方有一个共同的特点：山水地形纡曲回环。

如句曲山，就是现在地处江苏省西南部句容与金坛交界处的道教名山——茅山。《元和志》记载"润州句容县"说："县有茅山，本名句曲，以山形似'己'字，故名句曲。"句曲山的山形曲折，像一个"己"字，左弯右绕，"句"与"勾"古代是同一个字，所以也写作勾曲山。南朝道士陶弘景曾在此处修道，隐居了四十几年，梁武帝常常写信咨询他国家吉凶征讨大事，人称"山中宰相"。陶弘景在句曲山隐居的时候写了一首诗《诏问山中何所有赋诗

▲陶弘景

以答》给梁武帝。诗写道："山中何所有，岭上多白云。只可自怡悦，不堪持赠君。"他在这山势左弯右绕的句曲山中，修道求真，听松涛如闻仙乐，以《上清经》为基础，创立道教茅山宗，开宫观道教之风气，在医药、养生、炼丹、天文、地理、历算等方面都有深入的研究，共写成著作七八十种，今存十之二三。

又如句卢山，位于今江苏省东海县南，《太平寰宇记》记载："句卢山，一名马鞍山，山在县西南一百二里……形勾曲，状似马鞍。"句卢山的地形也是弯弯曲曲的。这些地名里的"句"用的都是本义——弯曲。

以"句"的弯曲义为中心，出现了一组同源字。

枸，从木句声，声符"句"兼表义。《说文解字·木部》曰："枸，木也。可为酱，出蜀。"此处枸读音为jǔ，是一种藤本植物，又名蒟酱、扶留藤。枸在古代多指枳枸，也作枳椇，俗称拐枣，果实可以吃，也可以酿酒。晋代崔豹子《古今注·草木》记载枳椇有两个别称，一个是树蜜，一个是木饧。枳椇的果实呈弯曲状，又甘甜如蜜如糖。枸又念gǒu，如枸杞。枸杞果实红色，叫枸杞子，有养肝明目、补肾益精的功效。枸还可以读gōu，意思是弯曲，其实就是承载声符本义。

▲枳枸的果实

鉤（简体字为"钩"），《说文解字·句部》曰："鉤，曲也。从金从句，句亦声。"它是个会意兼形声字，指弯曲的、顶端尖锐的钩子。吴钩（春秋时期流行的一种弯

刀）、钓钩等都是金属制成的，所以从金。

佝，从人句声。佝偻，指脊背向前弯曲。小儿因缺维生素D引起鸡胸、驼背、两腿弯曲，称佝偻病。这个“佝”把佝偻病人胸部、背部、腿部弯曲的特征描写出来。

泃，形声字，从水句声。水名，在河北省。泃水，今日叫泃河。这是一条古老的有多处弯曲的河流，春秋战国时期就有记载。战国时期魏国史官所作的一部编年体通史《竹书纪年》曰：“齐师及燕，战于泃水，齐师遁。”讲的是公元前355年，齐国军队与燕国军队在泃水打仗，以齐国军队遁逃失败而告终。泃水弯曲的地形实为燕国军队取胜的因素之一。

笱，从竹从句，“句”兼表音。笱，是一种竹制的捕鱼器具，口大颈窄，腹大而长，鱼不小心游入就出不来，因为颈部有倒须，只能顺进不能倒出。《说文解字·竹部》曰：“笱，曲竹捕鱼笱也。”笱是用弯曲的竹条一圈圈编成的笼子，形旁“竹”表示材料，意符兼声符的“句”表示弯曲的形态。

岣，从山句声。岣嵝山，最初指南岳衡山群峰中靠南面的一座山峰，后来指衡山。《元和郡县图志》载：“岣嵝山，即衡山也，在县北七十里。”“五岳之一”的衡山在今湖南省衡阳市北，山势纡回弯曲，绵延百余里，十分雄伟。

拘，从手从句，“句”兼表音，表示弯曲手臂制止。

上面这组字都是同源字，都是以“句”为声符的，又是声中有义，以“句”（弯曲）这个概念为中心，加上意符，表示相近、相关的几个概念。

又如卢（繁体字为“盧”），甲骨文作，金文作，小篆作。“卢”最初的本义指火炉，它的甲骨文就是一个炉子的形状。因炉子常被熏黑，所以这个字的引申义为黑色。《尚书·文侯之命》载：“卢弓一，卢矢百。”此处“卢”的意思就是黑色。《尚书·文侯之命》是周平王表彰晋文侯保护他东迁洛邑功绩的册书，文中记载了周平王赏赐晋文侯的酒、弓、矢、马等，其中有黑弓一张，黑色的箭镞一百支。

黸，《说文解字·黑部》曰："齐谓黑为黸，从黑盧声。""黸"来自齐国方言，齐人用"黸"表示黑。

垆（繁体字为"壚"），从土卢声。《说文解字注》曰："垆，黑刚土也。""垆"指的是黑色坚硬的土壤。《尚书·禹贡》曰："厥土惟壤，下土坟垆。"厥土指那里的土。坟垆指高起的黑色硬土。荆山与黄河之间的豫州那里的土只有"壤"。豫州的土质上层土是壤（石灰性冲击土），下层土是高起的黑色硬土。

泸（繁体字为"瀘"），从水卢声，形声字。《水经注·滱水》载："卢奴城内西北隅有水，渊而不流……水色正黑，俗名曰'黑水池'。或云：水黑曰卢，不流曰奴。故此城藉水以取名矣。"这段话说卢奴城内西北角有个黑水池，水深而不流动，显然这是个深深的水潭，幽深的潭水呈现的是黑黑的颜色，所以取名黑水池，叫卢，又名泸。

▲ 现代·徐悲鸿《鸬鹚》

鸬（繁体字为“鸕”），从鸟卢声。《说文解字·鸟部》曰：“鸬，鸬鹚也。”鸬鹚，俗称水老鸦、鱼鹰，大型食鱼游禽，擅长潜水，能帮人捕鱼。它身上的羽毛是黑色的。

獹，《玉篇·犬部》曰：“韩獹，天下骏犬。”韩獹，本作“韩盧（卢）”。獹，本作“盧（卢）”，是战国时期韩国的名种狗，因皮毛颜色是黑的，得名盧（卢），后来加了反犬旁，写作“獹”。

栌（繁体字为“櫨”），从木卢声。《说文解字·木部》曰：“伊尹曰：‘果之美者，箕山之东，青凫之所，有栌橘焉。夏孰也。’”讲的是商代箕山之东（今山东菏泽），野鸭栖息的地方，生长着一种美味的橘子，果皮青黑，夏天成熟，叫作栌橘。栌橘也叫甘栌，是柑橘的一个品种。后来北方气候变冷，栌橘的生长区域渐渐南移。晋代裴渊《广州记》记载这种橘子跨年生长，皮厚，九月结红色的果实，次年二月变成青黑色，这也正是栌橘得名的理据。

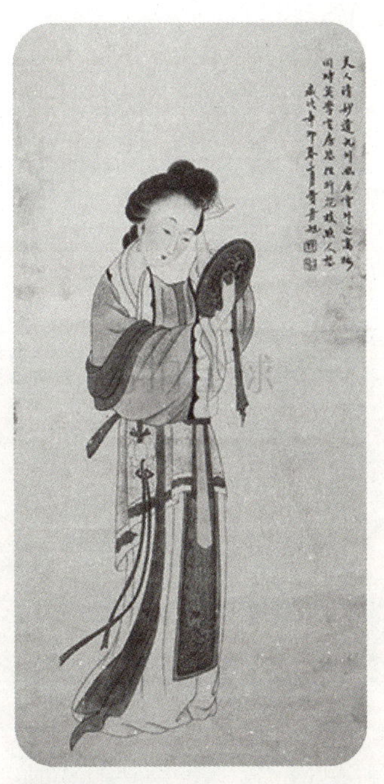

▲清·费丹旭《仕女图》

矑，从目盧（卢）声，指黑色的眼珠。这个字本作“盧（卢）”，西汉扬雄《甘泉赋》有言：“屏玉女而却宓妃。玉女无所眺其清盧（卢）兮，宓妃曾不得施其蛾眉。”这是颂美汉成帝到甘泉宫郊祀时静心斋戒，不近女色。赋中玉女与宓妃都泛指美女，皇帝不让她们近身，玉女清亮的黑眼睛没有地方用来顾盼生姿，宓妃也不用描画眉毛取悦皇上。其中的“清盧（卢）”就是指眼珠明亮，黑白分明。后来“盧”加了形旁“目”，为“矑”。

从上面两组同源字可以看出，它们同出一源，最初是一个字，后来陆续添加形符，变成声音相近或相同的一组字，并且意义相通。汉语同源字的系联最初是从音同和音近入手的，但是汉字的读音在历史的发展过程中会发生变化，如方言的音变与训诂的音变，所以确定是否为同源字，最后还是要通过意义是否相通来确定。

语言学家许嘉璐曾经明确同源字有三个必要条件才能成立：第一是语音相近或相通；第二是词义相近或相关；第三是出自同一语源。以这三个条件衡量，上面两组同源字都是符合这个条件的。

王力、朱星、王宁等学者都认为，同源字实际就是同源词。王宁在《浅论传统字源学》一文中说道："记录同源派生词的字群叫同源字，同源字是同源词的书写形式。"

古今无定时，周为古则汉为今，汉为古则晋宋为今，随时异用者谓之古今字。

——清·段玉裁《说文解字注》

汉字的发展历史，就是新字不断产生的历史，时代在变化，对汉字的需求也在不断地变化。古今字这个概念最早出现是在东汉班固编写的《汉书·艺文志》里，该书“孝经家”著录《古今字》一卷。这是我们见到的最早的古今字的提法，可惜这本书在流传过程中消失了，我们现在能知道的是这一卷收集了“六经”中的古今不同的字。

“六经”指的是历代统治者重视的《诗》《书》《礼》《易》《乐》《春秋》六部古书。到了东汉，经学家郑玄为“六经”作注，就使用了古今字的术语。如《礼记·曲礼下》：“予一人。”郑玄注：“余、予古今字。”三国时期，魏国著名文字训诂学家张揖，写了《古今字诂》《广雅》《埤苍》等多本书。《隋书·经籍志》著录了他包括《古今字诂》在内的著作，但后来仅《广雅》传世，《古今字诂》等书散佚。张揖对古今文字的演变是有认识的，但是今日已经看不到《古今字诂》的原貌，只能看到一部分，那就是清代任大椿所辑《古今字诂》，共辑佚古今字59条；民国龙璋所辑的《古今字诂》，共辑佚古今字82条。

古今字是历史形成的一词多字的现象，换一句话说，同一个词在不同的历史时代用不同的字表示，这就是古今字。古字年代在前，今字年代在后。这一观点是清代文字训诂学家段玉裁提出的。他认为古今字是古人和今人用字不同，是历史过程中自然形成的同词异字现象，古字和今字是相对而言。“古今无定时，周为古则汉为今，汉为古则晋宋为今，随时异用者谓之古今字。”此句是说古今是个相对的概念，对于汉代人来说，周代人是古人，自己是今人，到了晋宋时期，汉代就是古代，晋宋人就是今人。他在作《说文解字注》的时候，对古今字给予充分关注，将古字或今字都一一注明，直接用古今字术语注解的就有200多组。他在《说文解字》“谊”字下注解说：“凡读经传者，不可不知古今字。”

著名语言学家王力主编的《古代汉语》中对古今字是这么说的：“《说文》里没有‘债’字，这不等于说上古没有‘债’这个概念，这个概念当时是由‘责’字表示的（见《战国策・齐策》）。《说文》里有‘捨’字，但十

▲明·仇英《赤壁图》

三经里完全没有‘捨’字，这也不等于说先秦没有‘捨’这个概念，这个概念当时是由‘舍’字表示的（见《左传·僖公三十年》）。由此看来，‘责’‘舍’等是较古的字，‘债’‘捨’等是比较后起的字。我们可以把‘责债’‘舍捨’等称为古今字。”他认为“责”“舍”交给“债”“捨”的只是它们所担任的几个职务当中的一个，它们还有别的职务（责任、房舍等）要承担。

古今字很多，王力举了一些例子（古字在前，今字在后。今字不见《说文解字》的归a组，见于《说文解字》的归b组）如下：

a. 大太　孰熟　弟悌　说悦　竟境　赴讣　陈阵　属嘱

b. 共供　辟避　知智　昏婚　田畋　戚慼　反返　错措

比如，“反”“返”在表示“回到原来出发的地方”意义上是古今字。如《公羊传·哀公十四年》曰：“拨乱世，反诸正。”《孟子·梁惠王下》曰：“比其反也，则冻馁其妻子。”两句中的“反”都是“返回”的意思。后来把含有

▲ 送嫁

“返回”意思的“反”都写作了“返”。因此“返”取代的是表示“返回”意思的“反”，没有取代“反”的全部意义。

“埜”“野”在表示“野外、田野”的意义上也是古今字。埜，甲骨文作埜，金文作埜，都是从林从土，是个会意字。野外、田野都是树林、土地构成的。到了小篆变成了形声字野，从里予声。《说文解字·里部》曰：“野，郊外也。”郊外的意思就是在居民聚居的地方——“里”之外。《诗经·邶风·燕燕》曰：“之子于归，远送于野。”这句诗的意思是这个女子要出嫁到夫家，远远送她到郊外。

“莫”“暮”在表示“傍晚”意义上构成一组古今字。莫，甲骨文作莫，金文作莫，小篆作莫。这是个会意字，《说文解字·茻部》曰：“莫，日且冥也。”“莫”是天将昏暗下来的意思。它中间是个太阳，上面和下面都是草，表示傍晚太阳落在草丛里。苏轼《石钟山记》有言：“至莫夜月明，独与迈乘小舟，至绝壁。”到了晚上，月光明亮，苏轼独自与儿子苏迈坐着小船来到这陡峭的崖壁之下。后来“莫”被借去做否定性的无定代词，表示没有谁，又被借去做否定副词，表示不要、没有、不。表示太阳落山意义的“莫”被加上意符“日”，写作“暮”。

古今字形成的原因有两个，一是词义引申形成。词义引申后，形成一词多义现象，兼职太多，容易混淆，让人无所适从，就会为某个义项造新字，

形成古今字。

第一种情况是为本义造新字。“要”“腰”在“人体的腰部”的意义上是一组古今字。要，金文作，小篆作，看字形为左右两只手放在腰两边。“要”的本义为人的腰部。《说文解字·臼部》曰：“要，身中也。”“要”引申后表示重要、主要部分、中间等多种意义，变成一个多义词。承担的职务太多了，就把本义分出来，造了“腰”字。腰，从月（肉）要声，声中有义。顺带说一下，月字旁的来源主要是“月”和“肉”，这两个字因小篆字形相似，做偏旁部首时合并叫作“肉月旁”，所以月字旁的字有不少都是与月或人体器官有关的。

第二种情况是为引申义造新字。“道”“導”（简体字为“导”）也是一组古今字。“道”的本义是道路。《说文解字·辵部》曰：“道，所行道也。”《战国策·齐策》：“民扶老携幼，迎君道中。”《史记·陈涉世家》：“会天大雨，道不通。”这两句话中的“道”用的都是它的本义。“道”又引申为道理、方向、途径、引导等义。《论语·为政》中“道之以德”的“道”就是引导的意思。后来为这个引申义造了一个字“導”。導，从寸道声，声中有义。《史记·孙膑列传》：“善战者因其势而利導（导）之。”導（导），引导。

古今字形成的第二个原因是文字假借而成。

第一种情况是为本义造新字。

“然”“燃”是一组古今字。“然”本义为燃烧。《说文解字·火部》曰：“然，烧也。”然，金文作，小篆作，由“月（肉）”“火”“犬”组成，即以火烧烤犬肉，是会意字。《孟子·公孙丑上》曰：“若火之始然，泉之始达。”这句话意思是像火刚开始燃烧，泉水刚流出。贾谊《治安策·序》曰：“火未及然。”意思是火还没有烧起来。这两句话中“然”都是燃烧的意思。

因为后来“然”常用义都是假借义，被借去做代词、连词，表示如此、这样、然而等意义，还被借去做副词或形容词的词尾，如忽然、显然、突然、欣然、茫然等。于是就为本义“燃烧”另造一个新字“燃”，从火然声，然兼表义。在“燃烧”的意义上，“然”“燃”成为一组古今字。

第二种情况是为假借义造新字。

“卒”“猝”也是一组古今字。卒，甲骨文作，金文作，小篆作。“卒”金文、小篆字形像衣字下加一斜撇。《说文解字·衣部》曰：“卒，隶人给事者衣为卒。”段玉裁《说文解字注》曰：“古以染衣题识，故从衣一。”“卒”是个会意字，从衣从一，读音为zú。古代染衣服要做记号，这个“一”表示衣服上的标记。朱骏声《说文解字通训定声》认为“本训当为衣名”。“卒”的本义是古代隶役穿的一种衣服，上面有标记以示区别。转指穿这种衣服的隶役，特指服役的士兵。后来“卒”被假借去表示仓促、急迫、突然的意义。《战国策·燕策三》曰：“群臣惊愕，卒起不意，尽失其度。”此引文讲的是荆轲刺秦王，群臣大惊，事发突然，所以都失去了常态。这里用的是“卒”的假借义，读音为cù。后来为这个假借义造“猝”字，从犬卒声。《说文解字·犬部》曰：“猝，犬从草暴出逐人也。”“猝”是指狗突然冲出来追赶人。“卒”“猝”在“仓促、急迫、突然”的意义上成为一组古今字。

古今字与同源字有一部分是重叠关系。有学者认为，凡是词义引申形成的古今字都是同源字。如古今字责

债、昏婚、倚椅、知智都是同源字。

另外，由文字假借形成的古今字不是同源字。本字记录一个语源，作为某个词的借字使用时则记录了另一个语源。假借义与本义没有联系，如“采”“彩”两个字是古今字，“采”的本义是摘取，从爪从木，古字形就像一只手摘树上的果实。“采”的假借义为色彩。如清代姚鼐《登泰山记》：“极天云一线异色，须臾成五采。”天边的云呈现出一线异样的颜色，顷刻间又变成五彩缤纷的了。后来为假借义造字“彩”，因为这两个字声音有联系，意义上没有关联，所以“采”和“彩”不是同源字。

▲“采”的字形演变

异体字是一个字的不同写法。两个或几个字形，必须音义完全相同，才能算是一个字的异体。

——吕叔湘《语文常谈》

异体字

汉字在其发展的各个历史时期，都出现过大量音同义同而形不同的字，即用多个不同形体的汉字表示同一词语的情况，这就是在汉字系统里普遍存在的异体字现象。仔细收集汉字的不同写法，会发现大多数字都有异体。从甲骨文、金文中我们就可以看到，异体字大量存在。有学者统计了《甲骨文编》里“凤”“龟”“出”“羌”“牢”分别有五十几个字形。每当春节来临，人们喜欢在门上贴上一个大大的“福”字，光这个“福”字的写法也有一两百种。杭州西溪湿地有个福堤，入口处地面铺设的石板上就刻有100个“福”字。《甲骨文编》收的“福”字就有173个。“福”的甲骨文字形像双手捧着酒坛献于祭台（示），表示求神赐福。以下是“福”部分甲骨文字形：

异体字是相对于正体字来说的一个概念。语言学家刘又辛说：“两个以上

的字音义都相同，只是写法不同的，就叫异体字。”他的观点与吕叔湘在《语文常谈》一书中的阐述一致：“异体字是一个字的不同写法。两个或几个字形，必须音义完全相同，才能算是一个字的异体。”

吕叔湘把上面这类异体字定义为狭义范围的异体字，他还提到了广义的异体字，即部分异体字。他说：“有些字只在用于某一意义的时候才有另一种写法，用于另一意义的时候就不能那样写。”他认为“真正的异体字不太麻烦，麻烦的是这种部分异体字”。这种部分用法相同的异体字是比较复杂的，比如“舍”与“捨”。“舍”字本来是为表示房屋这个词而造的，但古人又通过同音借用的方式来表达舍弃这个词义，后来为舍弃义又造了字“捨”，这就是记词功能部分重合的字，叫部分异体字。因此，“舍”和“捨”只能算是广义的异体字。

▲ 清·张熊《远亭深崖图》

裘锡圭《文字学概要》对异体字下的定义与吕叔湘一致：异体字有广义与狭义两种定义，狭义的异体字特指与正体字音义相同而外形不同的字。广义的异体字，可以拓宽范围到只是用法部分相同的字。

异体字现象在早期汉字中就已屡见不鲜了，甲骨文、金文一字多形者比比皆是。与异体字有继承关系的名称叫作重文、又体、或体。许慎在《说文解字》中经常使用重文、又体、或体这几个词来表示异体字。《说文解字》收重文1280个，但值得注意的是，重文与异体字并不完全是一个概念。沈兼士很早就对《说文解字》中的重文进行过研究，他说："许书重文包括形体变易、同音通借、义通换用三种性质，非仅如往者所谓音义悉同形体变易是为重文。"

狭义异体字可以分为九类：

一是会意字的意合方式不同。如：

体—躰　尘—塵（这两个字都是会意字，但造字时，"尘"从小从土，造字理据是细小的土为尘；而"塵"从鹿从土，造字时以群鹿奔跑时扬起细细的尘土为理据。）

二是形声字的形旁不同。如：

嗔—瞋　塍—堘　彩—綵　凑—湊　悴—顇　厨—廚

锉—剉　唇—脣　蕩—盪　堤—隄　鷄—雞　抵—牴、觝

三是形声字的声旁不同。如：

耻—恥　淳—湻　淡—澹　葱—蔥　额—頟　啖—啗、噉

四是偏旁的位置不同。如：

墩—墪　鹅—鵞　棋—棊　略—畧　毗—毘　峨—峩

峰—峯　概—槩　崖—崕　群—羣　期—朞　案—桉

五是有无偏旁的不同。如：

丘—坵　匆—怱　凳—櫈　果—菓　假—叚　布—佈

六是字形省略的不同。如：

法—灋　扛—摃　椁—槨　雇—僱　呼—嘑　胡—衚

七是字形繁简的区别。如：

卫—衛　办—辦　头—頭　对—對　讹—譌　杰—傑

八是讹变或写法不同。如：

亘—亙　麸—粰　吊—弔　虚—虛　皋—臯　隽—雋

舉—擧　肯—肎　冉—冄　兔—兎　衆—眾　珍—珎

九是造字方法不同。如：

艷（从豐从色）— 豔（从豐盍声）　泪（从目从水）— 淚（从水戾声）

岩（从山从石）— 巖（从山嚴声）　饮（从饣从欠）— 歓（从欠酓声）

异体字在汉字中普遍存在，几乎每一个字都可以找到异体。异体字形成的原因很多，既有汉字系统本身的原因，如造字方法、结构、字体上的不同，也有历史、社会、政治、经济各方面的因素。异体字在古籍读本中大量存在，因此，我们要掌握一些相关知识，学会区别一些常用的异体字。

假借者，本无其字，依声托事。
——汉·许慎《说文解字·叙》

假借字

假借字专门指本无其字的假借。如许慎《说文解字·叙》所讲的“本无其字，依声托事”。古代用假借的办法来解决字少不够用的问题，所以出现很多兼职使用的字，由音同或音近做纽带，一个字当几个字用，可以发挥几个字的作用。这就是假借字产生的原因。

典型的例子如“辟”，甲骨文作，金文作，可以看出它的甲骨文与金文字形都是左边像一个跪着或曲膝的人，右边像刑具，表示正在用刑。“辟”是个会意字。《说文解字·辟部》曰：“辟，法也。从卩从辛，节制其罪也；从口，用法者也。”“辟”的本义是法度。

“辟”被假借表示多种词义。段玉裁《说文解字注》曰：“或借为僻，或借为避，或借为譬，或借为闢，或借为壁，或借为躄。”这句话提到“辟”假借表示六种含义。如表示“僻”这个词义，假借“辟”表示，这个词义与“辟”字形表示的本义毫无关系。例如《孟子·梁惠王上》：“苟无恒心，放辟邪侈，无不为已。”这句话意思是，假如没有道德与行为规范，就会胡作非为，什么坏事都干得出来。文献中的“辟”是个假借字，后来写作“僻”。“僻”的本义是表示邪恶、不正，指人的品行不端正。

又如“譬”这个词义，原来也假借“辟”表示。《礼记·中庸》曰：“君子之道，辟如行远，必自迩；辟如登高，必自卑。”君子实行中庸之道，就像走远路一样，必定要从近处开始；就像登高山一样，必定要从低处起步。这个“辟”也是假借字，表示用比喻法说明事理，与“辟”字形表示的本义也没有关系，后来为之造字“譬”。这一类的假借字，有后起本字，即在假借字基础上造的汉字。

比如“西”，甲骨文作，金文作，小篆作。“西”是一个象形字，它的甲骨文和金文字形就像一个鸟巢，小篆字形则在鸟巢上加了一简笔的鸟形，表示一只鸟停在巢上。段玉裁《说文解字注》中说道，篆文“西”字下像鸟巢，上像鸟，但因为上下两部分都不是字，“西”依然是个象形字，鸟在巢上栖息是它的本义。后来假借为东西之“西”。《说文解字·西部》曰：“日在西方而鸟栖，故因以为东西之西。”他认为“西”作为东西之“西”是引申义。《易·小畜》曰：“小畜：亨。密云不雨，自我西郊。”这是周易的一个卦叫小畜卦，卦辞说的是：“小畜卦，吉利。西郊一带天上浓云密布，却还没有下雨。”这个卦辞中的“西”是假借字，表示西边。卦辞以浓云聚积、雨水未降来表示所占问的事情还在酝酿之中。因为后来“西”专门表示方向，就又另造“栖”表示“西”的本义。

又如“而”，甲骨文作，金文作，小篆作。《说文解字·而部》曰：“而，颊毛也。象毛之形。”段玉裁注：“须也，象形。”“而”的本义表示胡须，是个象形字。它的甲骨文字形像下巴上的胡须。金文和小篆字形最上面一横像鼻子端，一短竖像人中，下面两

边分开向下的线条像嘴巴上面的胡须垂挂下来，再下面“几”字形线条像嘴巴下面的胡须。

后来“而”字被假借去做连词，连接动词、形容词和动词、形容词词组，有时连接分句，表示多种关系。如《捕蛇者说》：“永州之野产异蛇，黑质而白章。”句中“而”表示并列关系。《荀子·劝学》：“青，取之于蓝，而青于蓝。”这里的“而”则表示转折关系。

“而”还被假借去做代词，表示第二人称代词你、你的。如《诗经·大雅·桑柔》：“予岂不知而作。”意思是我怎么不知道是你所作。《史记·项羽本纪》：“吾翁即若翁，必欲烹而翁，则幸分我一杯羹。”楚汉相争时，项羽抓了刘邦的父亲，威胁刘邦说如果不乖乖投降，就把你父亲杀了做肉羹。刘邦非常镇定地回答说：“（我们是结拜兄弟）我的父亲也是你的父亲，你如果一定要杀你的父亲，那就分我一杯肉汁。”项羽发现威胁没用，就听了项伯的话，没有杀刘邦的父亲。

雅，小篆作。《说文解字·隹部》曰：“雅，楚乌也。”雅，从隹牙声，形声字，隹是短尾鸟。本义是指乌鸦的一种，毛色不纯黑，长大了也不反哺母鸟的叫“雅”。乌鸦是一种很讲亲情的鸟。《本草纲目·禽部》记载一种慈悲的乌鸦，小鸟初生的时候，母鸟喂养它六十天，小鸟长大后，到母鸟飞不动的时候，它会反过来找食物给自己母亲吃，养老送终。乌鸦其貌不扬，但却是知恩图报的美好的动物。这种会反哺的乌鸦称作“乌”，毛色纯黑，而“雅”却不会反哺自己的母亲。“雅”后来被假借表示高雅、文雅、乐器名称等义，变成假借字。这一类的假借字一经借用，如鸠占鹊巢，借而不还了，表达另一词义的假借字通行，本义废除，另外造字，如“雅”的本义写成了“鸦”。

经典古字声近而通，则有不限于无字之假借者。往往本字见存，而古本则不用本字，而用同声之字。

——清·王引之《经义述闻》

通假字

通假字是音同或音近的临时替代字，也就是本有其字，但却用一个音同或音近的字代替本字，这是一种用字现象。章太炎《文始》说："若本有其字以声近通用者，是乃借声，非六书之假借。"通假字是"本有其字"的用字，与"本无其字"的假借字不同。

《庄子·至乐》里有一个故事，说支离叔和朋友滑介叔到冥伯之丘与昆仑之虚游玩，这些地方都是黄帝曾经去过的。游览中滑介叔发现自己的左肘生了个瘤子，他露出惊慌失措的样子。支离叔就问他："你嫌恶这个瘤子吗？"没想到滑介叔对支离叔说："不，我怎么会嫌恶它呢？生命不过是假借于'道'的一种显示，只是暂且寄寓在形体之中罢了，生生不息，不过像尘垢一样暂时聚集在一起。生死的变化就如昼夜的交替。我和你观察万物变化，现在变化降临到我身上，我为什么要嫌恶这个瘤子呢？"故事中有一个句子："俄而柳生其左肘，其意蹶蹶然恶之。"句子中"柳"通"瘤"，是个通假字。通假字实际上就是写了一个音同或音近的字来替代本字。

通假字与本字只是读音相同或相近，但意义无关。如《史记·项羽本纪》："旦日，不可不蚤来谢项王。"此句意思是，第二天不可以不早早来向项王谢罪。“蚤”通“早”。《玉篇》曰：“蚤，啮人跳虫也。”“蚤”就是跳蚤，善跳跃，寄生在人和畜的身体上，吸血液，能传播鼠疫等疾病，咬起人来，多红点鼓包，瘙痒难忍。曹植《贪禽恶鸟论》曰：“得蚤者，莫不糜之齿牙，为害身也。”古人讨厌这种小虫，抓到了就恨不得放牙齿间一咬变成肉糜，因为它害人不浅。“早”指早晨，与“蚤”意义完全不相干。

再如《列子·汤问》：“甚矣，汝之不惠。”意思是你（指愚公）太不聪明了。“惠”通“慧”。“惠”与“慧”只是音同，意义没有任何关联。《说文解字》曰：“惠，仁也。”“惠”的本义是仁爱。如“惠君”指仁厚爱民之君；“惠敏”指仁爱明智。“慧”，从心彗声，本义是聪明、有才智。如“慧黠”表示聪明机智；“慧美”表示聪明美丽；“慧光”即智慧之光；“慧心”指聪慧的心思。

要注意的是通假字的读音要读本字的音，如《论语》：“学而时习之，不亦说乎。”句中的“说”通“悦”，表示愉快的意思。此处“说”的读音为yuè，不能读成shuō。

通假字与假借字是“本有其字”与“本无其字”的不同。通假字与本字则是意义上的不同，通假的条件是在声音上相同或相近。注意，这个音同、音近指的是古音相同。上面音同的通假字已经举过几个例子，除此还有通假字与本字声音相近，或者是双声、叠韵、音转。如《论语·子张》：“日知其所亡，月无忘其所能，可谓好学也已矣。”句子的意思是每天知道自己以前所不知的，每月不忘记以前所学会的，可以说是好学了。此句中的“亡”通“无”。通假字与本字声母相同，韵母不同，这是双声通假。再如《三国志·诸葛亮传》：“孤不度德量力，欲信大义于天下，而智术短浅，遂用猖獗，至于今日。”刘备三顾茅庐时，见到诸葛亮后，对他说：“我没有估量自己的德行，衡量自己的力量，想要在天下伸张大义，但是才智和谋略都不足，因此

失败，弄到今天这个局面。”这里的“信”通“伸”，伸张的意思。这两个字在古汉语中同属“真韵”，韵母相同，声母不同，叫叠韵通假。

古代文献中有很多通假字，给阅读古文造成一定的困难，所以对通假字要能够判别，循着声音线索，找到相应的本字，从而帮助你读懂古文。

▲ 三顾茅庐

第四章

汉字与中国文化

汉字之妙

汉字与地理

汉字与生肖

汉字与姓名

汉字与色彩

汉字与时令

汉字与植物

汉字与姓名

汉字与天文

汉字与色彩

汉字与植物

汉字与时令

汉字与地理

汉字与生肖

春有百花秋有月，
夏有凉风冬有雪。
若无闲事挂心头，
便是人间好时节。
——宋·无门慧开禅师

岁时节令与民族的风俗文化密切相关，古人早就发现时令与人生活的种种关联，农耕、林业、司法、中医、婚嫁、疾病、饮食诸多方面皆考虑节令因素，顺时而行。比如饮食，一年四季都有应时的蔬果，吃时令蔬菜更养生，胜于补药。汉字中有不少与时令有关的字，如春、夏、暑、秋、冬、寒、年等。

春，甲骨文作，金文作，小篆作。

“春”的甲骨文、金文、小篆字形皆从艸（艹）、从日、从屯，屯亦声。这是个会意兼形声字，甲骨文字形左半边中间是“日”，上下是“草”，右半边是“屯”字，像小草刚刚萌生钻出地面之形。金文和小篆字形变化较大，“草”在上，“屯”在中，“日”在下。在太阳照耀下，小草初生，春回大地，“春”的本义指每年的第一个季节，即农历的一月至三月。《尚书大传》曰：“春，出也，万物之出也。”春天是个欣欣向荣的季节，天气和暖，万物复苏，满目新绿，姹紫嫣红，喜气洋洋。

描写春天的诗词佳句历来有不少，如：

春眠不觉晓，处处闻啼鸟。（唐 · 孟浩然《春晓》）

黄师塔前江水东，春光懒困倚微风。（唐 · 杜甫《江畔独步寻花》）

几处早莺争暖树，谁家新燕啄春泥。（唐 · 白居易《钱塘湖春行》）

竹外桃花三两枝，春江水暖鸭先知。（宋 · 苏轼《惠崇春江晚景》）

等闲识得东风面，万紫千红总是春。（宋 · 朱熹《春日》）

绿杨烟外晓寒轻，红杏枝头春意闹。（宋 · 宋祁《玉楼春 · 春景》）

春色满园关不住，一枝红杏出墙来。（宋 · 叶绍翁《游园不值》）

草长莺飞二月天，拂堤杨柳醉春烟。（清 · 高鼎《村居》）

▲ 清 · 恽寿平《春山暖翠》

唐代诗人张若虚的《春江花月夜》有云："春江潮水连海平，海上明月共潮生。滟滟随波千万里，何处春江无月明。江流宛转绕芳甸，月照花林皆似霰。"诗句描写春天江潮与海连成一片，一轮明月从海上升起，好像是与潮水一起涌出来；波光闪耀的水面宽广辽阔，江水曲折地绕着花草丛生的原野；月亮照着花树，如同缀满雪珠在闪闪发光。

春天的节令有元旦、人日、元宵、上巳、寒食、清明等。有关春日节令的诗词描写了春天的种种意象，如唐代韩翃《寒食》："春城无处不飞花，寒食东风御柳斜。日暮汉宫传蜡烛，轻烟散入五侯家。"宋代李清照《永遇乐·元宵》："落日熔金，暮云合璧，人在何处？染柳烟浓，吹梅笛怨，春意知几许？"

春天是个美好的季节，与"春"字有关的词语很多，如立春、仲春、早春、春游、春试、春潮、春耕、春官、春社、春闱、春闺、春盘、春风得意、满面春风、春暖花开、春光明媚等。

立春与春分，是古代农业社会重要的节气。立春是二十四节气之首，象征着春天降临与一年农事的开端。一年之计在于春，元代赵孟頫《正月——题耕织图奉懿旨撰》曰："田硗藉人力，粪壤要锄理。新岁不敢闲，农事自兹始。"诗句描写农事从正月就开始了，田土坚硬贫瘠要凭借人力去改变，拌有

▲ 清·恽寿平《春花》

▲ 鞭春牛

粪肥的土壤要用锄头弄松，新的一年想要有好收成就不敢闲着。古代皇宫的迎春活动也在立春举行，如明代北京东直门外五里要设春场，建春亭，顺天府尹要率领属下到东郊迎春。此外，还要塑春牛、芒神（即句芒，司春之神）像，由京兆生员将塑像抬入朝，进献给皇上、中宫、太子，名叫进春。民间各地普遍举行迎春仪式，立春前一天地方长官到东郊迎春，散春花、春鞭，歌舞游艺，乃至数十队杂戏艺人装饰冠带，穿着戏服乘着马，扮演古人，或是云台名将（东汉光武帝刘秀手下二十八将）或是瀛洲学士（唐太宗选入文学馆的十八学士），一路上迎春队伍络绎不绝。又有歌舞艺人表演节目，沿途用风物特产、市肆商品装饰彩亭，远近百姓群聚而观胜景，摩肩接踵，道路为之阻塞，迎春仪式颇为繁盛。

在古代，立春有一种节令美食——春盘。春盘是指什么呢？明代李时珍《本草纲目》曰：“五辛菜，乃元日、立春，以葱、蒜、韭、蓼蒿、芥辛嫩之菜杂和食之，取迎新之意，谓之五辛盘。”古时，中国很多地方立春除了举行迎春仪式外，还用春饼卷上初春的嫩菜食用，这就叫吃春盘。五辛盘也是其中的一种，用葱、蒜、韭等五种香辛味道的素菜和在一起吃。古诗词中写春盘的不少，如苏轼《浣溪沙·细雨斜风作晓寒》曰：“雪沫乳花浮午盏，蓼茸蒿笋试春盘，人间有味是清欢。”他写煎茶浮白入盏，蓼芽蒿茎翡翠般青蔬堆盘，香茶就着青蔬春饼，人间真正有味的还是清雅的欢乐啊。朱淑真《立春古律》云：“停杯不饮待春来，和气先春动六街。生菜乍挑宜卷饼，罗幡旋剪称联钗。休论残腊千重恨，管入新年百事谐。从此对花并对景，尽拘风月入诗怀。”她以明快的笔调欢呼春天的到来，一扫冬天的阴霾，可以对着春花春景，吃着春盘，是如此美好。陆游《新春》言：“酒压浊清鸣社瓮，菜分红绿簇春盘。”诗句描写新春山阴人家饮着社祭酒瓮里的酒，吃着红红绿绿的时蔬春盘的情景。

夏，金文作，小篆作。

殷墟甲骨卜辞出土后，考古、文字学家一直在甲骨文中苦苦寻找“夏”字的踪影，可一百多年过去了，在甲骨文中还是没有找到“夏”字。有学者认为殷商时代的人只知道春秋两季，没有建立四季的概念；也有学者认为，甲骨卜辞借蝉来表示“夏”，“夏”的甲骨文是一个蝉的形体。《说文解字·夊部》曰：“夏，中国之人也。”“夏”的金文像一个头、身、手、足都俱全的高大的人形。“夏”的小篆是个会意字，从页（人头）从臼（两手）从夊（两足），合起来像人形。许慎认为“夏”的本义是中国之人，实际指中原地区的人，因而中国古称为“华夏”。而南宋文学家戴侗《六书故》中认为“夏”字的本义是夏舞，是人歌舞的样子。《周礼·春官·大司乐》载：“以乐舞教国子，舞《云门》《大卷》《大咸》《大磬》《大夏》《大濩》《大武》。”七种乐舞中《大夏》就是夏禹时代的乐舞，跳这种舞是用来祭祀山川的。“夏”后来引申为舞乐，周代钟师掌金（金指的是钟、镈类的乐器）奏，凡音乐演奏，要用钟鼓演奏“九夏”。“九夏”就是指古乐名。

“夏”作为季节名，是后起义，出现在殷商以后的文献中，如《公羊传·隐公六年》注疏曰：“夏以四月为始。”《管子·形势解》曰：“夏者，阳气举上，故万物长。”夏天从农历四月开始，是个活力四射、万物生长的季节。

▲ 清·王武《花卉册页》

与“夏”有关的成语有夏山如碧、秋行夏令、冬温夏清、冬裘夏葛、五冬六夏、夏炉冬扇、夏虫语冰等。

冬温夏清，指子女关怀父母，无微不至。语出《礼记·曲礼上》：“凡为人子之礼，冬温而夏清，昏定而晨省。”意思是凡做子女须行孝道，要使父母冬天感到温暖，夏天感到清凉；傍晚要服侍父母就寝，早晨要向父母请安。

冬裘夏葛，原来指冬天穿的皮衣和夏天穿的葛麻衣，泛指华美的衣服。后来也用来表示因时制宜或季节变换。

夏炉冬扇，意思是夏天生火炉，冬天扇扇子，比喻行为处事不合时宜，徒劳无益。语出东汉王充《论衡·逢遇》：“作无益之能，纳无补之说，以夏进炉，以冬奏扇，为所不欲得之事，献所不欲闻之语，其不遇祸，幸矣。”

夏虫语冰，即夏虫不可语冰，比喻孤陋寡闻者目光短浅，不能理解和接受新事物。语出《庄子·秋水》：“井蛙不可以语于海者，拘于虚也，夏虫不

▲清·陈书《香远溢清》

可以语于冰者，笃于时也。”这里讲到住在井里的蛙受它居住地方狭小的局限，不可与它谈论大海的事；夏天的虫子不可以与它谈论冰雪的事，因为它生命短暂，从生到死都在夏季。

历代咏夏的诗词也不少，如：

登楼逃盛夏，万象正埃尘。
对面雷嗔树，当街雨趁人。
檐疏蛛网重，地湿燕泥新。
吟罢清风起，荷香满四邻。
——唐·裴度《夏日对雨》

这首诗描写的是盛夏酷热，作者登楼以求清凉，只见万物皆在尘埃笼罩中。忽然雷声隆隆，在对面树上炸裂，大雨倾盆驱赶着路人。阵雨过后，檐下蛛网被雨水打湿重垂，地上湿漉漉的，连燕子筑巢衔的泥都是新润湿的。作者吟诗才毕，清风便徐徐而来，带来荷花的香气，飘满四周。

绿树阴浓夏日长，楼台倒影入池塘。
水晶帘动微风起，满架蔷薇一院香。
——唐·高骈《山亭夏日》

此诗写夏日意象让人如同身临其境，仿佛身在庭院深深处，匝地浓绿的树阴下，池塘映着楼台倒影，微风轻轻吹动水晶帘，花架上蔷薇盛开，芳香满院。

竹摇清影罩幽窗，两两时禽噪夕阳。

谢却海棠飞尽絮，困人天气日初长。

——宋·朱淑真《初夏》

作者以眼前景物入诗，写了自家窗前的修竹投下的清影、夕阳中鸟儿的聒噪，海棠花儿谢了，柳絮飘尽了，白昼渐长的初夏来到了，人儿也慵懒困倦起来。

梅子留酸软齿牙，芭蕉分绿与窗纱。

日长睡起无情思，闲看儿童捉柳花。

——宋·杨万里《闲居初夏午睡起》

溪涨清风拂面，月落繁星满天。

数只船横浦口，一声笛起山前。

——宋·陆游《夏日六言》

这两首诗都捕捉到了夏天最有表现力的景象与意境，诗味隽永。

暑，小篆作暑。

夏季烈日炎炎，暑气逼人。《说文解字·日部》曰：“暑，热也。从日，者声。”“暑”本义为炎热。《易·系辞上》曰：“日月运行，一寒一暑。”“暑”与“寒”相对，与“热”是

▲ 宋·佚名《草堂消夏图》

▲ 元·倪瓒《凉亭消夏图》

近义词，但与“热”的字义稍有差别。“暑”说的是湿热如蒸，“热”指燥热，像在火边烘的感觉。“暑”引申义指炎热的季节，也指夏季。如《列子·汤问》曰：“寒暑易节，始一反焉。”

与“暑”有关的词语有小暑、大暑、溽暑、暑月、暑气、暑伏、暑假、避暑、暑雨祁寒、寒来暑往等。

小暑是二十四节气之一，为每年7月7日或8日。这时天气已经很热，但还没有到达最热的时候，所以称小暑。唐代元稹《小暑六月节》一诗写道：

> 倏忽温风至，因循小暑来。
> 竹喧先觉雨，山暗已闻雷。
> 户牖深青霭，阶庭长绿苔。
> 鹰鹯新习学，蟋蟀莫相催。

从诗中描写可见，小暑的风是温热的，而六月多雨，并不是特别热。

谚语说：“小暑不见日头，大暑晒开石头。”小暑往后十五日便是大暑节气，是一年中最热的时节，正值

三伏天的中伏前后，让人汗流浃背，炎热难安。宋代方回《乙未六月大暑》有诗句言：“平分天四序，最苦是炎蒸。”尤袤《大暑留召伯埭》曰：“清风不肯来，烈日不肯暮。平生山林下，散发颇箕踞。一官走王事，三伏在道途。”这种酷暑天，烈日炎炎，风儿一丝不起，作者三伏天奔走公事，热浪滚滚，苦不堪言。陆游《苦热》一诗写道：“万瓦鳞鳞若火龙，日车不动汗珠融。无因羽翮氛埃外，坐觉蒸炊釜甑中。”诗人看到的是烈日下屋瓦被晒得冒火一样，汗珠滚滚如水融，没有插翅无法逃避尘世的溽暑，只觉得自己像是坐在蒸锅里一样。古时没有空调，夏季的炎热确实难熬，所以会想出许多办法来避暑，古代京城有冰窖储存冰块，夏天供王公贵族降温避暑，而一般百姓只能用扇子、凉水、树阴、山洞之类来降温。

溽暑，指夏季潮湿闷热的天气。暑月，指夏月，约相当于农历六月前后小暑、大暑之时。暑伏，指夏季伏天。按照干支计时法，夏至后的第三个庚日叫初伏，第四个庚日叫中伏，立秋后第一个庚日叫末伏，每十天为一伏，合称“三伏”。暑雨祁寒，出自《尚书·君牙》：“夏暑雨，小民惟曰怨咨；冬祁寒，小民亦惟曰怨咨。厥惟艰哉！”祁寒，指大寒。这段话是说夏天炎热多雨和冬天大寒老百姓都要嗟叹，生计艰难啊！

秋，甲骨文作，籀文作，小篆作。

“秋”甲骨文字形下为火，上为秋虫之形，火烧秋虫为古代在秋末收割谷物后焚田以备播种的习俗。籀文的形体将秋虫之形讹变为“龟”。小篆字形则将“火”与“禾”并列，不过“火”在左边。《说文解字·禾部》曰：“秋，禾谷孰（熟）也。”段玉裁注：“其时万物皆老，而莫贵于禾谷，故从禾。”“秋”的本义是禾谷成熟而有收成，所以形旁为禾。蔡邕《月令章句》曰：“百谷各以其初生为春，熟为秋。”《尚书·盘庚上》曰：“若农服田力穑，乃亦有秋。”这句话的意思是，就像农夫从事农业生产，只有尽力耕作，才能获得秋季的丰收。庄稼成熟，收获的季节即为秋季，所以“秋”引申为秋季。唐代李绅《悯农》：“春种一粒粟，秋收万颗子。”诗句中的“秋”就是这个意思。“秋”也引申指年，如“千秋万岁”，形容岁月长久，常用来祝福老人长寿；又如“一日不见，如隔三秋”，说一天不见就像隔了三年一样，形容思念之深切。

与“秋”字有关的词语麦秋（收麦子的时候）、秋禾（秋熟的谷物）、秋成（收获、收成，也指秋天成熟的庄稼）、秋苗（秋天的禾苗，也指官府征收秋熟谷物的赋税，也称秋税）、秋实（秋天成熟的谷物和果实）、秋登（秋季谷物成熟）都与收获有关系。

古以五色、五行配四时，秋五行属金，方位属西，五色属白，所以秋练指的是洁白的丝绢，秋鬓指的是苍白的鬓发，秋霜比喻白发，秋糯指的是雪白的糯米。

秋闱，科举制度中在秋季举行的乡试，又称“秋试”。明清科举考试分乡试、会试、殿试三级，乡试每三年在省城举行一次，考试时间在八月。参加乡试的是秀才，考中了就称为举人。参加乡试的读书人很苦，考试分三场，每场考三天，真不容易。《儒林外史》写范进秋闱乡试中了举人，喜极而疯癫的形象，反映了当时读书人皓首穷经、奔竞仕途的艰难。

秋风萧瑟时，也是游子思乡、怀念远人的时节，因而有关秋季的古诗有一类是抒发怀人思乡之情的。如：

> 秋风萧瑟天气凉，草木摇落露为霜。群燕辞归鹄南翔，
> 念君客游思断肠。慊慊思归恋故乡，何为淹留寄他方？
> 贱妾茕茕守空房，忧来思君不敢忘，不觉泪下沾衣裳。
>
> ——三国魏·曹丕《燕歌行》

秋风萧瑟，草木零落，白露为霜，候鸟南飞，这萧条的景色牵出思妇的怀人之情，绵绵情意感人肺腑。

洛阳城里见秋风，欲作家书意万重。
复恐匆匆说不尽，行人临发又开封。

——唐·张籍《秋思》

诗人在异乡洛阳城中见秋风起来，想起远方的亲人，家书想说的太多，以至于捎信人准备走时，他又打开信封，加上还想说的话，可见乡愁之深。

▲ 清·黄山寿《菊花图》

自古以来，文人悲秋成为诗词创作的一个重要主题。如杜甫《登高》：“万里悲秋常作客，百年多病独登台。”诗人悲秋，由天涯漂泊，到多病之身，登临高台望秋，自然是一片悲怆的情怀。柳永《雨霖铃》：“多情自古伤离别，更那堪冷落清秋节。”在凄凉寒瑟的秋天，就要与情人远离，依依惜别之情更添万般愁绪。李清照《醉花阴》：“东篱把酒黄昏后，有暗香盈袖。莫道不销魂，帘卷西风，人比黄花瘦。”秋风带来的孤寂清冷，增添了多情人儿的离愁别绪，作者用黄花比喻人的憔悴，以瘦暗示思念之深，含蓄深沉，言有尽而意无穷。

英雄豪杰的胸襟则别开天地，开阔豁达。如曹操《步出夏门行·观沧海》写秋日大海景色：“东临碣石，以观沧海。水何澹澹，山岛竦峙。树木丛生，百草丰茂。秋风萧瑟，洪波涌起。日月之行，若出其中。星汉灿烂，若出其里。幸甚至哉，歌以咏志。”一洗悲秋之感伤情怀，而表现出拥有宏大抱负的政治家与军事家的豪迈宽广的气概。

冬，甲骨文作，金文作，小篆作。

甲骨文“冬”与甲骨文“终”构形一样，像一根绳索两头打了结，古代结绳记事，表示“终结”的意思。金文“冬”将“日”字包在绳索中，表示太阳有遮挡，不太温暖了。《说文解字·仌部》曰：“冬，四时尽也。从仌，从夂。夂，古文终字。”段玉裁注：“冬之为言终也。《考工记》曰：‘水有时而凝，有时而释。’故冬从仌。”“冬”小篆字形上面的“日”移走了，下面增加了一个“仌”，“仌”是“冰”的甲骨文字形。这个改动颇有意思，不见太阳而见冰，当然就是滴水成冰的寒冬了。“冬”是个会意字，“夂”就是古文的“终”字，加上“仌”表示冬季寒冷，是一年四季中最后一个季节。

含有“冬”字的冬季别称还有九冬、三冬、玄冬、严冬、盛冬、穷冬、隆冬。九冬，因冬季共九十日，故有此称，见于南朝梁沈约《夕行闻夜鹤》：“九冬负霜雪，六翮飞不任。”三冬，指冬季的三个月，即农历十月到十二月这段时间。农历十月为孟冬，十一月为仲冬，十二月为季冬。玄冬，玄即黑，对应北方与冬季，所以冬季又称玄冬。严冬，“严”有程度深、严重、猛烈的含义，指极冷的冬天。盛冬，与严冬意思一样。穷冬，指深冬，与隆冬意思一样。

带“冬”字的词语，有些与农事有关，如帮冬、冬灌、冬储、冬菜、冬节。帮冬，农夫在秋收之后，利用农闲时间到外地去干活，补贴家用，称为帮冬。冬菜，用白菜与芥菜做成的干菜，储存起来到冬季食用。冬灌，地里庄稼收完后，对土地进行冬季灌溉，使得土壤吸收大量水分，可以防止春旱。冬储，在冬天储存食物，以备来年需要。冬闲，指冬季农闲时节，东北三省农闲时间比其他地方要长。冬事，指冬天需要准备的事情。《红楼梦》第六回说道：“因这年秋尽冬初，天气冷将上来，家中冬事未办，狗儿未免心中烦虑，吃了几杯闷酒，在家闲寻气恼，刘氏也不敢顶撞。”这狗儿是刘姥姥的女婿，家里只有两亩薄田，家业萧条，没钱办冬事在家撒气，才引起岳母刘姥姥进大观园攀富亲戚、讨生活的念头。

▲明·沈周《关山积雪图》

与“冬”字有关的节气——冬至，是中国一个重要的节气，在每年的12月21日或22日。这一天是北半球一年中白昼最短、夜晚最长的一天。古代对冬至很重视，有“冬至大如年”的说法，而且有庆贺冬至的习俗。清徐士宏《吴中竹枝词》有云：“相传冬至大如年，贺节纷纷衣帽鲜。毕竟勾吴风俗美，家家幼小拜尊前。”

有关冬天的古诗词也不少，如：

千里黄云白日曛，北风吹雁雪纷纷。（唐·高适《别董大》）

燕山雪花大如席，片片吹落轩辕台。（唐·李白《北风行》）
夜深知雪重，时闻折竹声。（唐·白居易《夜雪》）
风吹雪片似花落，月照冰文如镜破。（唐·吕温《冬夜即事》）
晨起开门雪满山，雪晴云淡日光寒。（清·郑燮《山中雪后》）

寒，金文作[金文字形]，小篆作[小篆字形]。

冬日北风呼啸，寒风刺骨。《说文解字·宀部》曰：“寒，冻也。”“寒”本义为冷，是个会意字。金文“寒”字外边是房屋，屋内正中站着一个人，两边有草，下面两横表示冰，真是寒从脚起。这个近于图画的字形，用了四个形体来表现人躲在屋内用草来御寒。“寒”的小篆字形与金文类似，上面是代表屋子的“宀”，人站在草中间，下部的“仌”即是冰。

“寒”的引申义指寒冷的季节，与“暑”相对。如《易·系辞下》曰：“寒往则暑来，暑往则寒来，寒暑相推而岁成焉。”

与“寒”字有关的节气有寒露、小寒、大寒。其中大寒是二十四节气中最后一个节气，是中国大部分地区一年中最冷的时期，有些地方会呈现出天寒地冻、冰天雪地的情景。白居易《村居苦寒》有云：“八年十二月，五日雪纷纷。竹柏皆冻死，况彼无衣民。回观村闾间，十室八九贫。北风利如剑，布絮不蔽身。唯烧蒿棘火，愁坐夜待晨。乃知大寒岁，农者尤苦辛。”诗句描写了冬日农历十二月大寒时节，下了五天大雪，竹子与柏树都冻死了，村里的贫苦百姓衣不蔽体，被冻得睡不着，只有搬草烤火，才勉强度日。

“七月流火，九月授衣。”农历九月起天气转凉，人们开始为越冬准备御寒的衣服了。因而在古代，农历十月初一是寒衣节。人们要给祖先送寒衣，把用纸糊的衣服烧化给他们，以免祖先在阴间挨冻。清代潘荣陛《帝京岁时纪胜》载：“十月朔……士民家祭祖扫墓，如中元仪。”寒衣节那天，人们晚

上要把纸钱、五色彩帛做成的冠带衣服在家门外焚烧，这就叫送寒衣。有游子在外的人家也要给在外乡的亲人捎去寒衣。“孟姜女千里送寒衣”的故事更是广为流传，讲的是秦代江南松江府孟姜女的丈夫在北疆修长城，她千里送寒衣到长城脚下，才知道丈夫已死。她昼夜痛哭，哭倒长城，露出丈夫尸骨，后怀抱丈夫遗骨跳海殉情。

寒气能使人瑟瑟发抖，忧惧也能使人发抖，因而“寒”可引申为忧惧、战栗，如心寒、胆寒、寒战。

“寒”还有贫困之意，如贫寒、寒素、寒门、寒窗。寒素，指门第寒微、地位卑下，也指清贫之人。寒门，指门第势力较低的家族，也称寒族。语出《晋书·刘毅传》：“上品无寒门，下品无势族。”寒窗，寒冷的窗口，常用以形容寂寞艰苦的读书生活。元代高明《琵琶记》中有言：“十年寒窗无人问，一举成名天下知。”

▲明·蓝瑛《雪窗论古图》

带“寒”字的成语有寒冬腊月、寒耕暑耘、天寒地冻、不寒而栗、春寒料峭、乍暖还寒、唇亡齿寒、嘘寒问暖、噤若寒蝉、一曝十寒、饥寒交迫等。

寒冬腊月，指农历十二月天气最冷的时候，泛指寒冷的冬季。白居易《卖炭翁》云："可怜身上衣正单，心忧炭贱愿天寒。夜来城外一尺雪，晓驾炭车碾冰辙。"描写了一位烧木炭的老人，衣着单薄，在冬季大雪过后饿着肚子卖炭的艰辛。唇亡齿寒，原意是说嘴唇没有了，牙齿就会感到寒冷，用来比喻双方息息相关，荣辱与共。噤若寒蝉，原指像深秋的蝉那样不再鸣叫，形容因为害怕有所顾虑而不敢说话。一曝十寒，原指即使是最容易生长的植物，晒一天，冻十天，也不能生长，比喻学习或工作努力少，荒废多，没有恒心。出自《孟子·告子上》："虽有天下易生之物也，一日暴（"暴"同"曝"）之，十日寒之，未有能生者也。"

年，甲骨文作，金文作，小篆作。

"年"甲骨文、金文字形上面是禾，从禾从人，人兼表声，是个会意兼形声字，字形像人背负禾。《说文解字·禾部》曰："年，谷孰（熟）也。""年"的本义表示庄稼成熟、丰收之意。它的小篆字形下面为"千"，从禾从千。有学者认为是"人"传写时的讹变。《穀梁传·桓公三年》曰："五谷皆熟为有年也。"古代生产水平低下，谷物一年一熟，因此人们以谷物成熟一季为一年。一年就是地球绕太阳一圈的时间，古时"年"的名称也几经变易。《尔雅》里说夏朝称年为"岁"，商代称"祀"，周代称"年"，唐虞时期称"载"。岁、祀、年、载在这个意义上是同义词。

"年"引申指一年的收成，如年登（谷物丰收）、年荒（谷物歉收）、年饥（年成荒歉）、年景（一年农作物收获的情况）都是有关年成的词语。

谷物丰收之年便是丰年，向神灵祈求丰年就是祈年。北京天坛有座祈年殿，始建于明永乐十八年（1420），初名大祀殿，原为方形大殿。明嘉靖二十四年（1545）改建成三重顶圆殿，名大享殿。殿顶从上至下三重分别为青、黄、绿三色琉璃瓦，寓意天、地、万物。清乾隆十六年（1751）更名"祈年殿"，改殿顶为蓝色琉璃瓦，是皇帝祈谷的地方。殿内大柱有特殊的象征意义，内围为象征春夏秋冬的四根龙井柱，中围为象征十二个月的金柱，外围为象征十二时辰的檐柱。中围与外围合起来是二十四根柱子，象征二十四节气。三围总共二十八根柱子，象征二十八星宿。每年郊祀大典时，皇帝都要在祈年殿隆重祭天，祈求国泰民安，风调雨顺，五谷丰登。祈年殿在光绪十五年（1889）大火中焚毁，后来仍按旧制重建。

▲ 祈年殿

“年”引申为年节，为农历正月初一，今称春节。宋孟元老《东京梦华录》载：“正月一日年节，开封府放关扑三日，士庶自早互相庆贺。”

“年”引申为年龄，如摽梅之年。摽梅，梅子从梅树上落下。摽梅之年，指女孩子到了出嫁的年龄。髫年，指童年、幼年。耳顺之年，指六十岁。鲐背之年，指九十岁。鲐指鲐鱼，有斑纹，而高龄老人的背部皱褶像鲐鱼的斑纹，所以称名。耄耋之年，八九十岁，泛指高龄、高寿。

古代民间传说中“年”还是一种怪兽，头上长着角，凶神恶煞，给人们带来灾祸。据说它住在海里，除夕晚上出来伤人干坏事，为了逃避年兽的祸害，百姓家家燃放鞭炮，在门上贴着红纸写的对联，还点上蜡烛。年兽怕火、怕红色、怕炸响的声音，所以就一溜烟地跑走了，百姓也就能安心快乐地过新年了。

宋代王安石《元日》云：“爆竹声中一岁除，春风送暖入屠苏。千门万户曈曈日，总把新桃换旧符。”元日指的是农历正月初一。这里的屠苏指的是屠

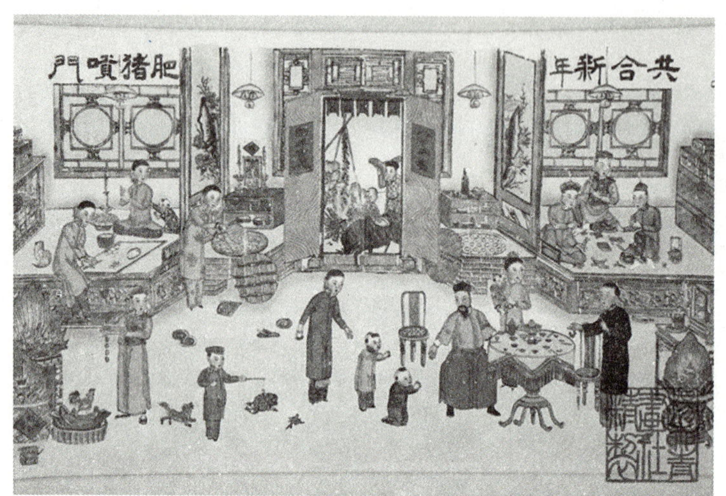

◀ 杨柳青年画《恭贺新年》

苏草泡的酒，祛除瘟疫与秽气。新桃与旧符是互文，指的是新旧桃符。桃符就是古代人家大门上挂的两块画着门神的桃木板，用来辟邪驱鬼。这首诗描写新年万象更新、热闹欢乐的景象。鞭炮声中除旧布新，人们在和暖的春风中迎来了新年，欢乐地畅饮着屠苏酒。千家万户都笼罩在太阳明亮的光辉下，大家忙着把旧的桃符取下，换上了新桃符。

观乎天文，以察时变；观乎人文，以化成天下。

——《易·贲·彖》

汉字与天文

汉字与天文关系密切。《易·贲·彖》曰："观乎天文，以察时变；观乎人文，以化成天下。"古人认为人间的吉凶祸福皆是有天数的，观察日月星辰等天体运行变化的轨迹的目的在于尽早察知吉凶祸福与人事变迁，以帮助帝王处理政事。《汉书·艺文志》载："天文者，序二十八宿，步五星日月，以纪吉凶之象，圣王所以参政也。"汉字中有许多字是与天文有关的，蕴藏着中国古代天文学的实践与思想，如日、月、星、宿、风、雨、雷、电、雪、云、雹、霰、冰、虹、宇、宙等。

日，甲骨文作⊟，金文作⊙，小篆作日。

▲"三足乌"汉画像石拓片

"日"甲骨文字形比较方正，可能是用刀在龟甲兽骨上契刻，刻方形更容易的缘故吧。"日"的金文与甲骨文字形相似，都像是太阳的形状，只是金文轮廓更圆一点。小篆"日"外形轮廓更长，中间的横也更长。《说文解字·日部》曰："日，实也，太阳之精不亏，从口、一。""日"是放射光明的实体，太阳的精华从来

▲ 长沙马王堆T形彩绘帛画

不会亏缺。唐代的李阳冰指出“日”中的一横像“乌”。其实金文也有写作[illegible]的，里面弯曲的Z形更像“乌”的形状。清代段玉裁认为《说文解字》所收古文即像日中有乌的之形。“乌”指阳乌，是神话传说中在太阳里的三足乌，又称金乌。长沙马王堆1号西汉古墓出土的T形彩绘帛画中，T形横段中间是足部为蛇形的女神，右上部就是一轮太阳中蹲着金乌，金乌就是“日精”，与太阳是合为一体的。

中国古代也有太阳神话，那是在上古帝俊时代。《山海经·大荒南经》记载：“羲和者，帝俊之妻，生十日。”帝俊是东方部族的远古始祖，羲和是他的妻子，他俩生了十个儿子——十个太阳。十个太阳生活栖息在汤谷扶桑树上。扶桑树是一种高大的树木，高两千丈，树干需两千多人合围，树的形态为两棵树互相依靠，实际是同一个树根上长出来的。这十个太阳每天轮流从东方扶桑树上升起，化为三足乌从东向西飞翔，晚上落在西方若木神树上。有一天，这十个太阳一起出现在天上，把地上的庄稼都晒焦了，草木也有很多被晒死了。尧看到百姓无法生活，就派后羿去射日，十个太阳被射下九个，于是春夏秋冬四季恢复如常，气候适宜，万物生长欣欣向荣。古本《山海经》对此曾有记载：“尧时十日并出，尧使羿射十日，落沃焦。”可见“日”造字时候已经受到这个古代神话的影响，所以古文字形就像日中有三足乌，这个三足乌用点或横来表示。中国古代神话传说中三足乌是驾驭日车的神鸟。《山海经·大荒东经》记载：“汤谷上有扶木，一日方至，一日方出，

皆载于乌。”

以“日”为部首的字有很多是反映天文现象的。如“时”，繁体字为“時”，《说文解字·日部》曰：“時，四时也。从日，寺声。”它的本义与时间有关，指季节，而季节是按照太阳运行的轨迹来定的。“时”又指时辰，古代一昼夜定为十二时辰，每一时辰为两小时，合为二十四小时。

日部的字很多与时间相关，如早、晨、旦、晌、昏、晚、明、昨、春、晓（天刚亮的时候）、晗（天将明）、晞（破晓）、晡（申时，下午三时至五时）、旰（晚、天色晚）、曏（从前）、昔（从前）、昒（拂晓）、晏（晚、迟）、晦（夜晚，或指农历每月最后一天）、晥（日暮）、曙（天刚亮）、曩（以往、从前）、暂（短时间）等。

日部的字，还有许多是描写太阳照耀下光线的变化，如晴、暗、旭、映、星、显、晕、晖、曈（形容太阳初升由暗渐明）、曚（日光不明）、曛（日落的余光）、曜（日光）、曝（晒）、曦（阳光）、旸（日出）、昉（明亮）、昕（明亮）、昧（昏暗）、昺（光明）、暄（日光）、晟（光明）、景（日光）、暧（昏暗）等。

这些字的造字方式很有趣。比如“暂”，《说文解字·日部》曰：“暂，不久也。从日，斩声。”即俗语霎时间，是个形声字，形符“日”表示与时间有关，声符“斩”兼表义，表示砍断，把时间砍下一小段，就是“暂”的造字理据，表示很短的时间。又如“晓”，《说文解字·日部》曰：“晓，明也。从日，尧声。”“晓”是个形声字，意符“日”表示太阳，声符“尧”兼表义，含有高远的意思，造字的理据是太阳升高带来光明，表示明亮，特指天明，今专指天刚亮的时候。

太阳是万物生长的依靠，是地球生命能量的来源，古人以自然光照明为主，以蜡烛、油灯照明为辅，他们对太阳光线的变化感受比现代人更为敏锐，以“日”字为偏旁的汉字表达了古人对太阳与时间、光明之间关系的思考与体验。

月，甲骨文作，金文作，小篆作。

“月”的甲骨文和金文字形稍有不同，但都像半边明月的形状。“月”象形造字取的是半月之象，本义指月亮。《说文解字·月部》曰：“月，阙也。太阴之精，象形。”“阙”即缺的意思。太阴指月亮，与太阳相对。月精是阴性的，与女性联系在一起。中国古代关于月亮的神话有常羲浴月和嫦娥奔月。《山海经·大荒西经》载：“帝俊妻常羲生月十有二，此始浴之。”常羲是帝俊之妻，中国神话传说中的月亮之母，她生育十二个月亮，常在银河中给月亮洗澡。常羲浴月的神话，实际是对月亮的银色光辉映照大地的形象描写。嫦娥奔月的神话见于战国文献中，讲嫦娥吃了西王母不死之药，飞升到月亮之上，成为月精。

▲ 明·唐寅《嫦娥执桂图》

《史记·龟策列传》载：“日为德而君于天下，辱于三足之乌；月为刑而相佐，见食于虾蟆。”虾蟆即指蟾蜍。古人已经注意到月圆而缺的现象，并解释为蟾蜍在吞噬月亮，所以造了半月形的

字。但月亮缺损后能再圆，这让一直以来就追求长生不死的古人，生出无限美妙的憧憬，所以中国古代月亮神话主题总是与长生不死有关。

甲骨文、金文“月”字中多数有一点、一横或一竖，代表的内涵意味深长。长沙马王堆1号西汉古墓出土的T形彩绘帛画的左上方有一轮弯弯的月亮，月亮上站着白兔与蟾蜍。白兔形象超凡脱俗，直入仙界，是祥瑞之物。神话记述它每天在月亮上忙着为嫦娥捣不死神药。西晋傅玄《拟天问》曰：“月中何有？白兔捣药。”可见，“月”字的造字点画之中，蕴藏着先民的文化心理与丰富的想象。

星，甲骨文作，金文作，小篆作、。

“星”的甲骨文字形中的小方块代表星星，中间部分像一株小树苗，是个“生”字，代表读音。天上群星闪烁，繁星满天，造字就取了五星来表示多。金文“星”，众星用三星代替，用三“日”表示，三生万物，也是表示多，从晶生声。小篆字形有几种，从三星、从一星、从三圆圈形都有，用“日”表示。《说文解字·晶部》曰：“星，万物之精，上为列星。”“星”的本义为星星，宇宙间发光或反射光的天体，一般指夜空中闪亮的天体。

带“星”的词语有五星、星宿、繁星、流星、星夜、星辰、昴星、星罗棋布、披星戴月、众星拱月、斗转星移、寥若晨星、月朗星稀等。五星，由于古代的科学技术水平限制，古人对太阳系的行星认识仅限于五星，这就是太阳系中距离地球比较近的金星、木星、水星、火星、土星。古人将五星分别称为太白、岁星、辰星、荧惑、镇星，天王星与海王星肉眼不可见，古人未列入。斗转星移，北斗星的杓转了方向，参星的位置横斜，古人观察到夜空中星斗的变化，用斗转星移表示夜间时序的推移，指夜深或将要天亮，也指季节与时间的变化。元代马致远《西华山陈抟高卧》第三折有云：“卧一榻清风，看一轮明月，盖 片白云，枕 块顽石。直睡得陵迁谷变，石烂松枯，斗转星移。”寥若晨星，稀少得好似早晨的星星，形容数量少。出自南朝齐谢朓《京路夜发》：“晓星正寥落，晨光复泱漭。”

与“星”相关的诗词有不少。如《迢迢牵牛星》：“迢迢牵牛星，皎皎河汉女。”这里描写的是牵牛星与织女星遥远而明亮，河汉女是拟人化了的织女星。曹操《短歌行》：“月明星稀，乌鹊南飞。绕树三匝，何枝可依?”作者注意到月光明亮时星光稀疏，乌鹊向南飞来，绕树三圈，却不知哪里才是栖息的地方。曹丕《燕歌行》：“明月皎皎照我床，星汉西流夜未央。”意思是皎洁的月光照在床上，银河西转夜已深沉。这里的星汉指银河。诗中的思妇夜不能寐，看着天上银河的变化，心里在思念远方的游子。杜甫《旅夜书怀》：“星垂平野阔，月涌大江流。”说的是辽阔的平原上星星仿佛垂向地面，浩荡江流中月亮从水中涌现。辛弃疾《西江月・夜行黄沙道中》：“七八个星天外，两三点雨山前。”描写了疏疏朗朗的星空。

宿，甲骨文作[古文字]，金文作[古文字]，小篆作[古文字]。

《说文解字・宀部》曰：“宿，止也。”“宿”的甲骨文、金文字形像人在屋内躺在席子上睡觉。“宿”本义是住宿、过夜，引申义是星辰、星座。古人用星座的变化来预测人事的变化，如诸葛亮观天象。《史记・天官书》张守节正义：“众星列布，体生于地，精成于天，列居错峙，各有所属，在野象物，在朝象官，在人象事。”古代天文学家把天空中肉眼可见的星星分成二十八宿即二十八个星区，可以此来给日月星辰

▲“苍龙星座”汉画像石拓片

的运行定位。东方青龙七宿：角、亢、氐、房、心、尾、箕；北方玄武七宿：斗、牛、女、虚、危、室、壁；西方白虎七宿：奎、娄、胃、昴、毕、觜、参；南方朱雀七宿：井、鬼、柳、星、张、翼、轸。二十八宿分别对应地上的某州国，叫作分野。我国古代占星术认为，地上各州郡邦国和天上一定的区域相对应，在该天区发生的天象预兆着各对应地方的吉凶。分野有对应的星座，人们就可以借此观察相应区域的吉凶祸福。《史记·天官书》记载战国时期二十八宿分野，其中东方青龙七宿：角、亢、氐的分野是兖州，房、心的分野为豫州；尾、箕的分野是幽州。

风，甲骨文作，小篆作。

《说文解字·风部》曰：“风，八风也。东方曰明庶风，东南曰清明风，南方曰景风，西南曰凉风，西方曰阊阖风，西北曰不周风，北方曰广莫风，东北曰融风。风动虫生，故虫八日而化。从虫，凡声。凡风之属皆从风。”古人记载不同的风向有不同的名称，即“八风”。“风”的繁体字是“風”，许慎解说为风动虫生。其实风是空气流动的一种现象，气象学上常特指空气在水平方向的流动。殷商时期，风被称为“帝使风”，认为风是天帝派来的使者。伏羲氏时代就有风神崇拜，《帝王世纪》记载太昊伏羲氏为风姓，他的妹妹女娲氏也是风姓。古人早已认识到风给人类生存带来的生机与价值，风能传播植物的种子与花粉，风力能推动船儿远航，风儿能带来凉爽与雨水等。所以古人说万物生长尊天而贵风雨，因为它们都是待风而动，待雨而滋润的。连音乐也从风神崇拜中产生，如《吕氏春秋·音律》载：“天地之气，合而生风。日至则月钟其风，以生十二律。”为了掌握风流动的规律，古人早就制作了测风的仪器，如汉代出现的测风仪器叫相风铜乌与相风铜凤，它们被分别安放在长安宫南灵台与建章宫南玉堂。东汉科学家张衡就曾利用这仪器观测风向与风力。

▲ 清·恽寿平《春风图》

含“风”字的词不胜枚举，如八风、风神、风靡、风樯、清风、御风、风和日丽、风华正茂、一帆风顺、风声鹤唳、乘风破浪、空穴来风、叱咤风云、春风化雨、谈笑风生、风驰电掣等。

“八风”指八方之风，具体名称历代有多种解释。说起“八风”，有一个与苏东坡有关的故事。有一段时间，苏东坡在江北瓜洲担任地方官，与住在江对面金山寺的住持佛印禅师来往甚多。一天，他突然大悟，自以为修行到了得道境界，对于世间荣辱毁誉都可以云淡风轻，于是挥笔写了一首诗：“稽首天中天，毫光照大千。八风吹不动，端坐紫金莲。”他自感得意，觉得佛印看到这首诗一定会大为赞赏，就赶紧让书童过江把诗作带给佛印品鉴。佛印看后，微微一笑，批了两个字，便让书童带回。苏东坡满心欢喜，打开一看，纸上竟然写着“放屁”两字。他顿时怒气冲冲，马上过江找到佛印，责问他为什么骂人。佛印笑吟吟地说：“你不是说八风吹不动吗？怎么‘一屁’便过江来了呀？”苏东坡听后，恍然大悟，羞愧不已。佛家所谓的“八风”是指利、衰、毁、誉、称、讥、苦、乐，四顺四逆共八件事。顺利成功是利，失败是衰，背后诽谤是毁，背后称赞是誉，当面赞美是称，当面谩骂攻击是讥，痛苦是苦，快乐是乐。佛家教导说，修养到遇八风中的任何一风时情绪都不为所动，才是八风不动。

以“风”为形旁的字能看出古人对风的观察细致入微，《汉语大字典》收录的风部字有250多个，其中虽有不少异体字，但数量依然十分可观。风部字记载许多不同的风，如飔（凉风，也指疾风）、𩙱（小风）、𩙪（梅雨结束盛夏开始时强劲的东南风）、𩙥（轻风）、𩙻（热风）、𩙵（大风）、𩙾（暴风）、飑（风速急剧增大）、𩙫（烈风）、𩙮（大风）、飒（翔风）、𩙭（台风）、𩙩（旋风）、飘（自下而上的旋风）等。

含“风”的诗词也有不少。如汉高祖刘邦的《大风歌》：“大风起兮云飞扬，威加海内兮归故乡，安得猛士兮守四方。”一代开国君主的英雄气概随着风云变化的天象充分地展现出来。《史记·刺客列传》曰：“风萧萧兮易水寒，壮士一去兮不复还。”萧瑟的秋风，寒冽的易水，一派悲壮苍凉的气氛，衬托出一代壮士荆轲激越悲壮的情怀和义无反顾的献身精神。李白《宣州谢朓楼饯别校书叔云》：“长风万里送秋雁，对此可以酣高楼。”此句在我们面前展现了一幅壮阔明朗的万里秋空画图，也展示出诗人豪迈阔大的胸襟。白居易《观刈麦》有言：“夜来南风起，小麦覆陇黄。”此诗起头描绘了一派丰收景象，写到南风对小麦成熟的影响，后面则关注丰收景象下农民的艰辛与悲哀，表达了作者的悯农情怀。岑参《白雪歌送武判官归京》云：“忽如一夜春风来，千树万树梨花开。”诗句描写北国雪景，无数树木被大雪覆盖，犹如春风吹拂中千树万树的梨花竞相开放，比喻奇特，富有浪漫主义色彩。

▲元·马琬《秋江送别图卷》

▲ 清·翟大坤《雨后野航图》

雨，甲骨文作，金文作，小篆作。

《说文解字·雨部》曰：“雨，水从云下也。一象天，冂象云，水霝其间也。”“雨”本义是指云层中降落的水。《黄帝内经·素问》曰：“地气上为云，天气下为雨。”古人认为，雨是天在施放气，气聚集浓厚了，就转化成雨，雨能够滋养万物。中国神话传说中雨师是掌管下雨的神，常常与风师一起出现。雨师名萍翳。屈原《天问》曰：“蓱号起雨。”王逸注：“蓱，萍翳，雨师名也。”东汉蔡邕《独断》则说雨师就是天上的二十八宿中西方七宿之一的毕星，在天能兴雨。在农耕社会，雨是庄稼牲口依赖的水资源之一，风调雨顺，就能五谷丰登。而当大旱之年，赤地千里，就会导致粮食歉收或绝收的情况，人们离乡背井，逃荒要饭，饿殍遍野。

上古就有向老天求雨的祭祀。如《说文解字·雨部》曰：“雩，夏祭，乐于赤帝，以祈甘雨也。”“雩”就是一种古代求雨的祭祀。古人在夏日祭祀，对着赤帝舞蹈，以祈求甘美的雨水。《礼记·月令·仲夏之月》载：“命有司为民祈祀山川百源，大雩帝，用盛乐。”古时，君主命令官吏祭祀山川水流的源头，为民求水能源源不断；举行大雩祭来祭祀天帝，祭祀时要用盛大的乐队演奏。《论语·先进》云：“莫春者，春服既成，冠者五六人，童子六七

人，浴乎沂，风乎舞雩，咏而归。”孔子问弟子志向，曾点回答说：“暮春三月，春天衣服都穿好了，我与五六位成年人、六七位小孩，在沂水中沐浴，在舞雩台吹吹风，唱着歌儿走回来。”孔子很赞赏曾点的志向，认为他内心充实，人格完善，以万物各归其位为理想，是礼制的最高境界。这段对话中提到的舞雩台就是为祈雨建造的。国家大旱时，司巫就要率领诸巫以舞求雨，周代祈雨是由雩祭官与舞雩的女巫来主持的。

《汉语大字典·雨部》收录的字有300多个。其中一部分字是为各种不同的雨命名，如零（徐徐而下的雨，即细雨）、霎（小雨）、霏（雨雪很盛的样子）、霖（连下几天的雨）、霢（小雨）、霈（大雨）、霶霈（雨很大的样子）、霁（雨雪停止）、霪（久雨）、霂（小雨）等。古人对雨的观察分类细致，在看天吃饭的年代，有雨露滋润才有好收成。

雨部的字还有许多与天文气象有关，如雪、云（繁体字为“雲”）、雷、电（繁体字为“電”）、雹、霰、霞、露、雾等。

雪，甲骨文作[illegible]，小篆作䨮。

《说文解字·雨部》曰：“雪，凝雨，说（悦）物者。”小篆的“雪”是一个形声字，字形是从雨彗声，楷书彗省声作雪。本义是从云中降落的白色结晶体，由空气中的水蒸气冷却到零摄氏度以下凝结而成。《诗经·小雅·采薇》言：“今我来思，雨雪霏霏。”诗句中“雨”是动词，“雨雪”就是“下雪”。冬天下雪被认为是来年丰收的吉兆，古人认为万物都喜欢雪，所以有“瑞雪兆丰年”的说法。

雪色纯净、洁白、耀眼，诗人常常以雪喻白。“雪”的引申义便为白色，如隋代卢思道《孤鸿赋》曰：“振雪羽而临风，掩霜毛而候旭。”“雪羽”即白羽。唐代李白《侠客行》有云：“赵客缦胡缨，吴钩霜雪明。”此句说到吴钩这种兵器明晃晃的，如霜雪般明亮耀眼。他在《将进酒》中有诗云：“君不见

▲明·戴进《踏雪寻梅图》

高堂明镜悲白发，朝如青丝暮成雪。”此处的“雪”指的是白发。

与“雪”有关的成语典故有雪中高士、雪泥鸿爪、雪牖萤窗等。雪牖萤窗，又作雪案萤窗，含义是贫士勤学苦读，此成语中暗含两个典故：一是孙康映雪，讲的是晋代孙康家里穷困，冬天没有钱买蜡烛或灯油，晚上他借雪地的白色反光来看书；二是囊萤照读，讲东晋孝武帝时的吏部尚书车胤，年少时没钱点灯烛，夏天晚上用白布袋子装萤火虫做光源，照亮手中的书本，勤苦学习，孜孜不倦。雪泥鸿爪，典出宋代苏轼《和子由渑池怀旧》：“人生到处知何似？应似飞鸿踏雪泥。泥上偶然留指爪，鸿飞那复计东西。”雪泥指融化着雪水的泥土。雪泥鸿爪指大雁在雪泥上踏过留下的爪印，比喻往事遗留的痕迹。

云，甲骨文作□，小篆作雲。

“云”甲骨文字形像云飘浮的形状，是个象形字；小篆字形加意符“雨”，是繁体字“雲”，从雨从云，云兼表声音，是会意兼形声字。《说文解字·雨部》曰：“云，山川气也。从雨，云象云回转形。”云为山河升腾之气，像云彩回旋转动的样子。本义是云彩。现代科学认为云是由水汽凝结成的水滴、冰晶或混合而成飘浮在空中的可见聚合体，形态万变。

▲祥云双鹤

以“云”字构成的词语有青云、凌云、祥云、云霓、云汉、云霭、云彩、云端、行云流水、云蒸霞蔚、叱咤风云、彤云密布、烟消云散、巫山云雨、响遏行云、云遮雾障等。云蒸霞蔚，指云雾彩霞升腾聚集，比喻景物绚丽灿烂。典出南朝刘义庆《世说新语》：“千岩竞秀，万壑争流，草木蒙笼其上，若云兴霞蔚。”

带“云”的诗句非常多，如：

彩云惊岁晚，缭绕孤山头。（唐·李邕《咏云》）

白云一片去悠悠，青枫浦上不胜愁。（唐·张若虚《春江花月夜》）

青海长云暗雪山，孤城遥望玉门关。（唐·王昌龄《从军行》）

孤山寺北贾亭西，水面初平云脚低。（唐·白居易《钱塘湖春行》）

朝辞白帝彩云间，千里江陵一日还。（唐·李白《早发白帝城》）

举头红日近，回首白云低。（宋·寇准《咏华山》）

黑云翻墨未遮山，白雨跳珠乱入船。（宋·苏轼《六月二十七日望湖楼醉书》）

这些诗句中的白云、长云、彩云、黑云等都是云的不同形态。

雷，甲骨文作，金文作，小篆作。

“雷”甲骨文字形中间弯曲的线条表示闪电之形，左右两边的圆圈表示雷声滚滚。而金文的字形变得复杂了，保留了甲骨文中的闪电之形外，原来两个圆圈变成了四个表示爆炸响声的车轮形，还在其上部添加了“雨”字，表明大雨倾盆、雷电交加，因为雷多在雨天出现。小篆的字形比金文稍简略，保留了上部的“雨”，下部有变化。

《说文解字·雨部》曰：“雷，阴阳薄动，雷雨生物者也。从雨，畾象回转形。”其意思是说，阴阳二气运动撞击产生雷雨，雷雨使万物滋生。古人认为雷电是阴阳二气摩擦、碰撞等作用而形成的，如《慎子》云：“阴与阳夹持，则摩轧有光而为电。”《庄子》言：“阴阳交争为雷。”《淮南子》曰：“阴阳相薄为雷，激扬为电。”还有一种迷信的观点认为雷是老天发怒，惩罚犯有过错的人。东汉王充反对这种说法，认为是虚妄之言，因为雷打死的多半是无过之人。他在《论衡·雷虚》中有言：“雷者，太阳之激气也。何以明之？正月阳动，故正月始雷。五月阳盛，故五月雷迅。秋冬阳衰，故秋冬雷潜。”春季随着太阳热力渐强，所以有雷电开始发生。夏季太阳热力强盛，所以这时的雷电活动最频繁迅猛。到了秋冬季节，太阳热力减弱，所以雷电现象一般就不会发生了。他还认为“阳气为火猛”，雷就是一种火，发动时一气一声也，是阴阳二气互相碰撞、冲击形成的，就像把一斗水倒在冶炼金属的火上发出巨响一样，雷发动时更猛烈、威力更大，所以人被雷击而死，身体像是被火烧烤过。雷电迅猛响亮，还会折断树木、毁坏房屋。

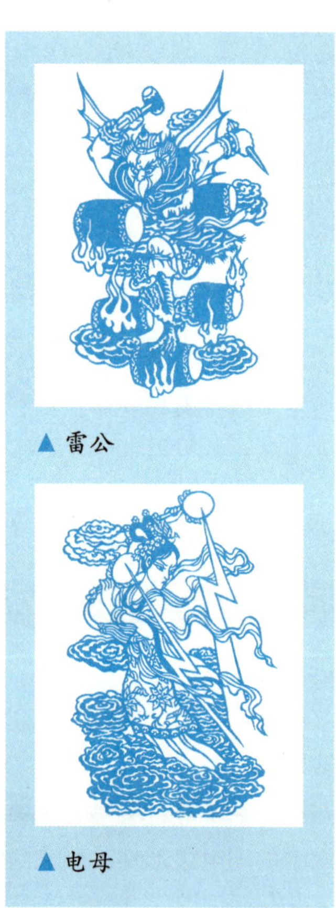

▲雷公

▲电母

炸雷巨响，其恐怖景象让人联想到人在发怒时的情景，因而有一些词是以雷声来形容人发怒的，如暴跳如雷、咆哮如雷、大发雷霆、雷霆之怒、雷嗔电怒等。与“雷”有关的词语还有雷暴、雷公、雷同、雷人、雷电交加、雷霆万钧、雷厉风行、电闪雷鸣、瓦釜雷鸣等。

雷公又称雷师、雷神、丰隆，他与电母是神话传说中掌管天庭雷电的神。《山海经》说雷公住在雷泽，龙身人头，他只要鼓动肚子，天上就雷声隆隆。雷有巨大威力。汉代贾山《至言》曰：“雷霆之所击，无不摧折者；万钧之所压，无不糜灭者。”雷霆万钧，比喻威力无比，很难对抗。雷厉风行，指像打雷一样猛烈，像刮风一样迅速，比喻执政办事大刀阔斧、迅速推进。瓦釜雷鸣，典出《楚辞·卜居》：“黄钟毁弃，瓦釜雷鸣；谗人高张，贤士无名。”黄钟被毁坏丢弃，砂锅发出雷鸣般的声音；以言语诋毁能人的人气焰高涨，贤良的人反而被埋没，比喻庸才占据要位，不可一世。

雹，甲骨文作，小篆作。

“雹”甲骨文字形为象形字，上为“雨”，下面三个圈为冰雹之形；小篆字形上为形旁“雨”，下为声旁“包”，是形声字。《说文解字·雨部》曰：“雹，雨冰也。从雨，包声。”“雹”的本义是冰雹，指空中水蒸气遇冷结成的冰块或冰粒子，常在夏季随暴雨下降，对人畜庄稼危害极大。道家认为有司雹之神，名字叫作李左车，是西汉时期开国名将，威风凛凛。雹神是北方部分地区民间信奉的神祇，立夏时节百姓要供奉祭品拜祭雹神，祈求它的保护，不受雹灾，五谷丰登。清代文学家蒲松龄《聊斋志异·雹神》讲述了父母官王筠苍爱民心切并感动天师的故事。天师张道陵法力无边，能呼风唤雨，风雨雷电之神皆听从他的差遣。王筠苍登龙虎山拜谒天师相谈正欢时，却得知一个坏消息，雹神李左车被派去章丘降雹，这不就在与他管辖地接壤的地方么，真是晴天霹雳。他乞求大师收回命令，但被告知这是上帝敕命不能改变。见王筠苍哀伤，天师垂思良久，叮嘱雹神，冰雹多降山谷，不要伤害庄稼。雹神领命，足下生烟，腾空而去。王筠苍回去后不放心，派人去章丘问，那一日果然天降冰雹，沟渠皆满，但庄稼田中只有少少几枚，没有给当地造成灾害。

霰，小篆作。

《说文解字·雨部》曰：“霰，稷雪也。”“霰”本义是雪珠，俗称米雪、粒雪，是雨点下降遇冷凝成的白色小冰粒，呈球形或圆锥形，多在下雪前或下雪时出现。带“霰”字的词语有雹霰、雪霰、雨霰、霜霰、冰霰、阴霰等。

与“霰”有关的诗句也不少，如：

常恐霜霰至，零落同草莽。（晋·陶渊明《归园田居》）

边庭节物与华异，冬霰秋霜春不歇。（隋·卢思道《从军行》）

江流宛转绕芳甸，月照花林皆似霰。（唐·张若虚《春江花月夜》）

夜深烟火灭，霰雪落纷纷。（唐·白居易《秦中吟》）

云暗初成霰点微，旋闻蔌蔌洒窗扉。（宋·释善珍《小雪》）

冰，甲骨文作，金文作，小篆作。

“冰”甲骨文字形像水凝成冰后，表面上拱的形状。金文“冰”出现在春秋晚期，字形左边增添了“水”字，成为左右结构的字。“冰”的小篆字形与金文类似，只是“水”移到了右边，是个会意字，从仌从水。《说文解字·仌部》曰：“仌，冻也。象水凝之形。”段玉裁认为“仌”字形像冰的纹理形状。“仌”后写作“冰”。《说文解字·仌部》曰：“冰，水坚也。从仌，从水。”《荀子·劝学》曰：“冰，水为之，而寒于水。”冰是水变成的，但比水

◀ 清·费丹旭《西泠雪霁》

寒冷。“冰”的本义是水凝结成的固体。《易·坤》言：“履霜，坚冰至。”秋天寒霜降临时，就预示着严冬的坚冰时节将要来到了。

冰，晶莹剔透，光洁无瑕，可以用来比喻人品高尚、纯洁。如冰清玉洁，意思就是像冰一样清明，像玉一样纯洁，形容人品格高洁、操行清白。类似的词语还有冰壶秋月，冰壶指盛水的玉壶，比喻洁白；秋月指中秋的月亮，比喻皎洁。指心如冰清，和明月一样洁净，比喻品格高尚。“冰”也经常形容女子肌肤光洁润滑，如冰肌玉骨、冰肌雪肤、玉骨冰姿。冰肌玉骨形容美人肌肤莹洁光润，仪态清丽脱俗，语出苏轼《洞仙歌》：“冰肌玉骨，自清凉无汗。水殿风来暗香满。绣帘开、一点明月窥人，人未寝，攲枕钗横鬓乱。”还有古时候称岳父为冰翁，称媒人为冰人，冰轮、冰镜、冰鉴则是指明月。不过冰鉴在古代也指一种盛冰的器具，是用来冷藏食物的。此词还有镜子的意思，后来称洞察事理、明辨是非为冰鉴。

虹，甲骨文作，小篆作。

“虹”本为象形字，甲骨文字形就像一道长虹出现在空中。古人把它想象成一种神奇的动物，形状像虫子。《说文解字·虫部》曰：“虹，螮蝀也，状似虫。从虫，工声。”古人观察到虹有时会双双出现，色彩鲜艳的为雄，色彩暗淡些的为雌，雄者为虹，雌者为霓。

与“虹”有关的词语有彩虹、霓虹、跨虹、虹女（指美人）、长虹贯日、气贯长虹、虹销雨霁等。虹销雨霁，指的是雨过天晴，彩虹消失。出自唐王勃《滕王阁序》：“虹销雨霁，彩彻云衢，落霞与孤鹜齐飞，秋水共长天一色。”正因为虹像一座桥，所以古人常用虹来形容拱桥的身姿。如唐代李白《秋登宣城谢朓北楼》曰：“江城如画里，山晓望晴空。两水夹明镜，双桥落彩虹。”古诗词中也常用虹来作桥的代称。如北周文学家庾信《忝在司水看治渭桥》曰：“跨虹连绝岸，浮鼋续断航。”诗中“跨虹”就是指拱桥。

最后看一下“宇宙”二字，这两个字都以“宀”为形旁。《说文解字·宀部》曰：“宀，交覆深屋也。象形。”段玉裁注：“东西与南北皆交覆也。”意思是说“宀”像四面接合覆盖住的深屋的外形，本义为高大的房屋，引申义为覆盖。“宀”最早见于甲骨文，可独立成字，而现在只能作为偏旁了。《说文解字·宀部》曰：“宇，屋边也。从宀，于声。”“宇”本义指屋檐，引申义指上下四方空间。《说文解字·宀部》曰：“宙，舟舆所极覆也。从宀，由声。”“宙”本义指舟车往来所到处，表示整个空间，引申义为无限时间的总称。古人对宇、宙的认识是，上下四方为“宇”，古往今来为“宙”，宇宙覆盖一切空间与时间，是空间与时间的总称，包括一切天体的无限空间与无限连续的时间，但实际使用时常为偏义复词，专指空间。王羲之《兰亭序》曰：“仰观宇宙之大，俯察品类之盛。”宇宙与天文密切相关，古人认为天圆地方，天像圆形倒覆的大锅笼罩着大地，而地如同方形棋盘，日月星辰在天上过往，周而复始。《敕勒川》中“天似穹庐，笼盖四野”就是古人宇宙天文意识的表达。

仰以观于天文，俯以察于地理，是故知幽明之故。

——《易·系辞上》

地理环境是人类赖以生存和发展的物质基础，不同的地理环境孕育着不同的人类文明。汉字与地理关系密切，最初的象形字有不少是有关地理山川的。人类生存最主要的条件除了空气，就是水和各种生产、生活资料，而这些都是依赖地理环境存在的。古人贴近自然，熟悉各种地貌环境，生存受自然地理环境如植被、水文、地貌、土壤、生物等要素的影响很大。游牧民族逐水草而居，熟悉草原草场，来去无定；农耕民族熟悉平原丘陵，与土地相依相伴；靠海部族熟悉海洋岛屿，以捕鱼为生。古人对山川河流的记载，早在甲骨文时代就开始了，此后《尚书·禹贡》《山海经》《汉书·地理志》《水经注》这些地理著作相继出现，无不显示古人对自然地理环境的认识与利用水平在逐渐提高。

殷商频繁迁都，就是为选择更好的地理环境。古代多次战争，有不少是为了开疆拓土，能有更好的生存环境。汉字系统中，表达自然地理与人文地理的字为数众多，许慎《说文解字》中山部、水部、阜部、田部、土部、石部、厂部等部首的汉字有很多是描写地理环境的，如坡、坞（四面高中间凹下的地方）、碣（高耸独立的石头）、阪（斜坡）、陵（大土山）、陆（高而平的地)、厓（山边）等。

通过对汉字构形的考察，我们也可以获取古代地理文化的一些信息。那么，让我们来看看，汉字地、山、丘、川、州、水、江、河、湖、泉，是如何表达相应的地形地貌的。

地，金文作，小篆作。

《说文解字·土部》曰："地，元气初分，轻清阳为天，重浊阴为地。万物所陈列也。从土，也声。""地"指大地，是承载万物、孕育生命的所在，与"天"相对。元气是中国古代的哲学概念，"元"表示本原、开始，"气"表示微细的物质。古人认为元气分化出阴阳二气，又形成天地。西汉初年成书的《黄帝内经》云："积阳为天，积阴为地。"当时已经有阴阳二气形成天地的思想。后来东汉著名的哲学家王充、王符等人对此又有进一步的阐述。

"地势坤，君子以厚德载物。"大地博大深厚，承载世间万物，哺育生命，为人们提供了食物和安身之所，关系着万物的生发与衰亡。大地就像人类的母亲，因此被尊为"地母"。

有关"地"的神话故事不少，著名的有"盘古开天辟地"，还有《列子·汤问》中也记载了一个神话故事："共工氏与颛顼争为帝，怒而触不周之山，折天柱，绝地维。故天倾西北，日月星辰就焉；地不满东南，故百川水潦归焉。"炎帝的后代共工氏与黄帝的后裔颛顼争当部落联盟首领，共工氏战败，愤怒地撞向不周山，支撑天的柱子折断了，维系地的绳子也断了。所以天向西北倾斜，日月星辰都跟着向西北方向移动了；大地

▲ 颛顼

的东南部塌陷了，因此多数河流都向东南流去。

与“地”字有关的成语有将近200个，如人杰地灵、地利人和、地崩山摧、天翻地覆、地广人稀、地大物博、春回大地、江河行地、地老天荒、福地洞天、因地制宜、欢天喜地、别有天地、赤地千里、出人头地、地久天长、顶天立地等。

山，甲骨文作，金文作，小篆作。

“山”本义指地面上高高隆起的土石构成的地貌。“山”甲骨文、金文字形皆像连绵的山形，以三座山来表示多座山峰。《说文解字·山部》曰：“山……生万物，有石而高。象形。”《国语·周语》云：“山，土之聚也。”《广雅·释山》言：“土高有石，山。”山，地之高峻也。这是古人对山的认识。清代语言学家王筠《说文句读》曰：“无石曰丘，有石曰山。”山与丘是有区别的，一般土山称“丘”，有石头的山称“山”。

▲ 清·王概《泰岱乔松》

汉字中属于山部的字达到了1500多个，据研究其中有300多个字是直接表示山、山名、山势、山貌的，如岳、岩、岚、嵩、巍、岑、峦、岭、嶂、峰、崮、崖、岫、峭、崂、岐、嵊、嵝、峣、崤、巅、岛、岘、崆峒、峨眉等。嶂，形如屏障的山。崮，指四面陡峭，顶上较平的山，如孟良崮。岛，指被水环绕的陆地，也指海中山。崆峒，山名，在今甘肃省平凉市西，传说是黄帝向广成子求道的地方。广成子是古代传说中的仙人，常住崆峒山石室之中。

山上加丘为“岳”，甲骨文作，如山峦叠嶂之形，本义为高大的山。古人对高大的山是崇敬的。《尚书·禹贡》曰：“禹敷土，随山刊木，奠高山大川。”孔颖达疏：“高山，五岳；大川，四渎。”五岳，指东岳泰山、西岳华山、中岳嵩山、南岳衡山、北岳恒山。古代帝王登基常选择泰山举行封禅大典，“封”为祭天，“禅”为祭地，封禅即帝王祭祀天地的礼仪。帝王要到泰山祭祀过天地诸神，彰显自己的统治受命于天的合法性。司马迁《史记·封禅书》曰：“自古受命帝王，曷尝不封禅？”远古以及夏、商、周三代已经有封禅，到了秦汉时期更重视封禅大典，秦始皇、汉武帝都曾经“登封报天，降禅除地”。泰山因此被尊为天下第一山。

中国是一个多山的国家，文人骚客写“山”的佳句极多。如：

黄河远上白云间，一片孤城万仞山。（唐·王之涣《凉州词》）

明月出天山，苍茫云海间。（唐·李白《关山月》）

会当凌绝顶，一览众山小。（唐·杜甫《望岳》）

山光悦鸟性，潭影空人心。（唐·常建《题破山寺后禅院》）

终日看山不厌山，买山终待老山间。（宋·王安石《游钟山》）

横看成岭侧成峰，远近高低各不同。（宋·苏轼《题西林壁》）

霁天欲晓未明间，满目奇峰总可观。（宋·杨万里《晓行望云山》）

西北望长安，可怜无数山，青山遮不住，毕竟东流去。（宋·辛弃疾《菩萨蛮·书江西造口壁》）

丘，甲骨文作，金文作，小篆作。

“丘”的甲骨文字形像隆起的小土山，是个象形字。金文、小篆字形与甲骨文不同，变成会意兼指事字。《说文解字·丘部》曰：“丘，土之高也，非人所为也。”“丘”的本义是自然形成的土山，而不是人力堆成的。《广雅·释丘》曰：“小陵曰丘。”《列子·汤问》一文中愚公的妻子问他：“以君之力，曾不能损魁父之丘，如太行、王屋何?”这里“魁父之丘”是小山的名称，在今河南开封陈留境内，而太行、王屋是两座大山。

“丘”的引申义有坟墓、废墟。苏州著名景点虎丘最神秘的一处名胜古迹就是传为吴王阖闾墓的剑池。除此比较有名的“丘”，还有山西东北部的“灵丘”，因战国时期赵国第六位国君赵武灵王葬于此而得名。

“邱”与“丘”用法同，在尊孔的年代有用“邱”代替“丘”的。据说当初孔子的父母求子心切，曾在山东曲阜东南的尼丘祈祷，后生下孔子，故起名为丘。孔子被历代尊为“至圣先师”，人们不可直呼其名，也不可随便用“丘”，为避讳于是新造字“邱”。如安徽霍邱，南朝梁始置霍丘戍，因霍山北

▶明·沈周《虎丘图》

侧有冈丘而得名，清雍正年间为避孔子名讳，改名霍邱。

“丘”也是地名通名，古代的“丘”字地名有高丘、沈丘、寝丘、宛丘、桑丘、壶丘、宗丘、灵丘、渠丘、安丘、章丘、商丘、陶丘等。这些地名都带“丘”，但含义有区别。寝丘，即陵寝之丘，所在之地有沈国陵寝，隋唐时更名为沈丘。章丘，是山顶平正的山丘，因山丘形状得名，“章”即山形上部平正之义。壶丘，是春秋陈地的古邑名，壶丘之“丘”是指居邑。商丘，在今河南省商丘市南，是商代的都邑。商的始祖契住在这里，商汤王也是从这里迁到亳都去的。陶丘，是古地名，在今山东省定陶西北，也指两重的山丘。

带“丘”字的成语有一丘之貉、功若丘山、丘壑泾渭、狐死首丘、太丘道广等。狐死首丘，说的是狐狸死时，头会朝着自己出生的山丘，表示不忘故土。如《礼记·檀弓上》曰：“狐死正丘首，仁也。”东汉陈寔曾任太丘长，世称陈太丘。他很有名望，交游甚广，后称人交游之广为“太丘道广”。

川，甲骨文作，金文作，小篆作。

《说文解字·川部》曰：“川，贯穿通流水也。”“川”的本义是河流、水道。它的甲骨文、金文、小篆都是象形字，像河流的样子。也有解说认为，字形两边是岸，中间是流水。

《论语·子罕》有言：“子在川上曰：逝者如斯夫，不舍昼夜。”孔子在河岸边看到河水浩浩荡荡奔流不回，有感时间犹如河水，不论白天黑夜不停地流逝。唐代崔颢《黄鹤楼》：“晴川历历汉阳树，芳草萋萋鹦鹉洲。”诗句中的“川”指的是长江，作者登上黄鹤楼看到的是晴日下的长江和清晰可见的汉阳树木，以及鹦鹉洲上茂盛的芳草。

“川”还有平地、平野的意思。如北朝民歌《敕勒歌》：“敕勒川，阴山下。天似穹庐，笼盖四野。天苍苍，野茫茫，风吹草低见牛羊。”敕勒川是阴山脚下的一片广阔的平野，长满了青青的牧草。

与“川”字有关的成语有临川羡鱼、川流不息、山辉川媚（形容风景非常优美）、海纳百川（大海容纳千百条江河，比喻胸怀宽阔）、一马平川（指可以任马驰骋的广阔平原）、虎落平川（老虎离开山林到平地，比喻有实力或有权势者失去自己的优势或权势）、川壅必溃（堵塞河流必将招来决堤之灾祸）、口壅若川（比喻堵塞言路之害）、川泽纳污（河流和湖泊能容纳接受污垢，比喻能包容善恶毁誉）等。

州，甲骨文作〔甲骨文字形〕，金文作〔金文字形〕，小篆作〔小篆字形〕。

“州”甲骨文、金文字形像水中有陆地。《说文解字·川部》曰：“州，水中可居曰州，周绕其旁，从重川。昔尧遭洪水，民居水中高土，或曰九州。”传说帝尧时发洪水，大地被水淹没，人们只能在露出水面的高地上居住生活。“州”的小篆字形强调了水中陆地。

“州”的本义是水中陆地。“州”是“洲”的本字。《诗经·周南·关雎》：“关关雎鸠，在河之州。”毛本作“洲”。州、洲为古今字。“州”后引申做中国古代行政区划名，为了区别州名与水中陆地这两个意义，人们便造了加三点水的“洲”。“州”所表示的区域大小随时代变化，如虞夏时，四十三万二千家为州。《周礼》载：“五党为州，五州为乡也。”周代的“州”不大，二千五百家为州，五个州即一万二千五百家为乡。

含“州”字的地名有很多，地域范围大小不一。九州，最初指上古中国的区域划分。《尚书·禹贡》把中国地域划分为九州：冀州、兖州、青州、徐州、扬州、荆州、豫州、梁州、雍州。“九州”常用来泛指天下或中国。如南宋民歌《月儿弯弯照九州》：“月儿弯弯照九州，几家欢乐几家愁。几家夫妇同罗帐，几家飘零在外头？”南宋陆游《示儿》：“死去元知万事空，但悲不见九州同。”清代龚自珍《己亥杂诗》：“九州生气恃风雷，万马齐喑究可哀。”

“九州”之“州”指中国先秦时代的地理行政区划，三皇五帝时代就有

“九州”。“九州”之“九”是“三”的倍数，“三”是万事万物生成发展的基数，“九”更是涵盖天地万物，“三”与“九”都体现了一种宇宙哲学观。东汉王逸《楚辞章句》曰：“九者，阳之数，道之纲纪也。故天有九星，以正机衡；地有九州，以成万邦；人有九窍，以通精明。”所以“九州”还有一个更大范围的义项，指全世界，中国只是其中的一个州，叫赤县神州。

“州”又指“州郡”之州。东汉末年，“州”成为郡以上的一级行政区划，形成州、郡、县三级行政区划，全国分十三个州，这个时期的州，实际相当于现在的省。魏晋南北朝开始，州的范围缩小而数量增加，到南北朝末期，州有三百多个，唐高祖时全国也有三百多个州。民国时期废州名，但仍然有部分沿用至今，如杭州、苏州、郑州、柳州。

水，甲骨卜作[illegible]，金文作[illegible]，小篆作[illegible]。

“水”是一个象形字，甲骨文字形中间长长的曲线像是水流，两边的点表示激起的水花。“水”的金文、小篆字形与甲骨文差别不大。水是生命的基本要素。人们的生活离不开水，没有水也就没有万物。

《说文解字·水部》曰：“水，准也。北方之行。象众水并流，中有微阳之气也。”“准”的意思是平，当水处于静态的时候，就保持水平，平如镜。《说文解字》水部字有400多个，记载的古代水名（河流名称）有150多个，如汶（汶水）、渭（渭水）、菏（菏水）、涪（涪水）、沅（沅水）、泾（泾水）、湘（湘水）、湟（湟水）、汾（汾水）、淮（淮水）、沽（沽水）等。“水”也是地名通名，前面加上专名，就是某一条河流的名称，如汉水、丽水（金沙江）、黑水（黑龙江）、青衣水（青衣江）。古代赣江上源分两条支流，东边的一条叫贡水，西边的一条叫章水，两江汇流后取名赣水，“赣”即“章”与“贡”两字合并所造的字。

水部字有不少是描写水体类别的，如“涧”。《说文解字·水部》曰：

“涧，山夹水也。从水，间声。”“涧”的语源义是两物之间，因水在山间流而得名。杭州的九溪十八涧，就是由大大小小多条山间溪流汇聚而成。清末学者俞樾称此处是西湖群山风景最胜处并以诗赞之：“九溪十八涧，山中最胜处，昔久闻其名，今始穷其趣。重重叠叠山，曲曲环环路，丁丁东东泉，高高下下树。”那弯曲的涧水就在重重叠叠的山间流过，丁丁东东发出悦耳的声音，荡涤去尘嚣的烦扰，使游人的心境宁静愉悦，好一处幽静清雅的休闲之地。

▲ 明·沈周《庐山高图》

又如“瀑”，《说文解字·水部》曰：“瀑，疾雨也。”“瀑”的本义是迅疾猛烈的雨，引申为水之快速飞溅。瀑布从悬崖飞溅而下，迅疾猛烈，小如白练悬挂，大如河流倾泻。“瀑”的语源义是猛烈，因水流迅疾猛烈而得名。李白《望庐山瀑布》曰：“日照香炉生紫烟，遥看瀑布挂前川。飞流直下三千尺，疑是银河落九天。”此诗描写的就是庐山香炉峰瀑布，“飞流直下”“银河落九天”形象地描写了瀑布这类水体的形态特征。

与“水”有关的成语有很多，如山清水秀、水落石出、落花流水、心如止水、流觞曲水、山重水复、萍水相逢、饭蔬饮水、高山流水等。饭蔬饮水，形容清心寡欲、安贫乐道的生活。语出《论语·述而》：“子曰：‘饭疏食，饮水，曲肱而枕之，乐亦在其中矣。不义而富且贵，于我如浮云。’”孔子说：“吃粗粮，喝冷水，弯着胳膊做枕头，也很快乐。做不合乎道义的事而得到富贵，在我看来犹如天上的浮云。”泾渭分明，讲的是泾水与渭水的区别，泾水清，渭水浊，两水相遇，清水浊水不相混杂，显现泾渭分明的奇景。这在唐代《初学记》中有记载：“（泾水）至京兆高陵县而入渭，与渭水合流三百里，清浊不相杂。”这个成语现在用来比喻是非分明，界限清楚。有些含“水”的成语有情有趣，如“柔情似水”形容的是眷恋之情；“望穿秋水”形容急切盼望之情；“上善若水”形容君子的德行如水一般泽被万物而不争名利。

江，金文作[金文]，小篆[小篆]。

《说文解字·水部》曰：“江，水。出蜀湔氐徼外崏山，入海。”“江”本义指长江，是专有名词。崏山即岷山。长江上源沱沱河，出自青藏高原唐古拉山脉各拉丹冬雪山，从四川湔氐道边塞之外的岷山流出，向东流入大海。《孟子·滕文公下》曰：“水由地中行，江、淮、河、汉是也。”江、淮、河、汉指长江、淮河、黄河、汉水。长江是中国第一大河。“江”先是引申为长江以南河流的通称。古代长江以南，河流无论大小，老百姓大都称为江。如怒江、漓江、湘江、珠江、北江、东江、西江、沅江、甬江、邕江、钱塘江、黄浦江等。而北方的河流，多半称为“河”。后来词义进一步扩大，“江”泛指一般河流，在这个意义上，与“河”成为同义词。

与“江”字有关的成语有江山易改、江东父老、大江东去、江山如画、身在江湖、九江八河、江河日下、江海之学、江上峰青、饮马长江、万里江山、文江学海、翻江倒海、锦绣江山等。

江山如画，形容山河秀丽，自然景色优美。如北宋词人张昇《离亭燕》

曰："一带江山如画，风物向秋潇洒。水浸碧天何处断？霁色冷光相射。蓼屿荻花洲，掩映竹篱茅舍。"写的是金陵一带山水像画一样美丽，景物在秋日显得疏朗明净，浩茫的长江东去如同浸入碧空，水天一色，没有边际，雨后晴空的颜色与江水闪烁的冷光相辉映，蓼花荻花丛生的洲渚上，竹篱茅舍隐约可见。又如苏轼《念奴娇·赤壁怀古》曰："乱石穿空，惊涛拍岸，卷起千堆雪。江山如画，一时多少豪杰。"描绘了赤壁雄奇壮阔的胜景。

江上峰青，表示空灵超脱、渺然难寻的境界。语出唐代诗人钱起《省试湘灵鼓瑟》："流水传潇浦，悲风过洞庭。曲终人不见，江上数峰青。"

河，甲骨文作，金文作，小篆作。

《说文解字·水部》曰："河，水。出敦煌塞外昆仑山，发原注海。从水，可声。""河"本义是黄河，发源于青海省昆仑山东段南支的巴颜喀拉山脉，东流入海，是中国第二大河。"黄河远上白云间""黄河之水天上来""九曲黄河万里沙，浪淘风簸自天涯"，这些诗句都歌颂了黄河雄伟壮观的气势。

《庄子·秋水》曰："秋水时至，百川灌河，泾流之大，两涘渚崖之间，不辩牛马。"《水经注》曰："河之入海，旧在碣石，今川流所导，非禹渎

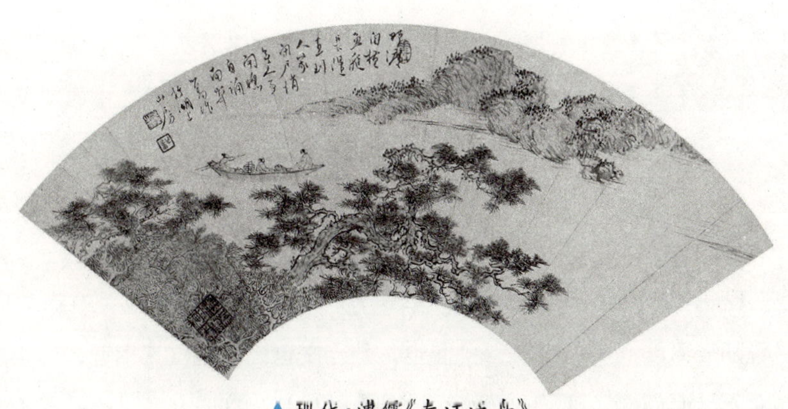

▲现代·溥儒《春江泛舟》

也。"这两处文献中的"河"都是指黄河。"河"后来词义扩大，引申为河流的通称。唐代训诂学家陆德明《经典释文》载："河亦江也，北人名水皆曰河。""河"就是南方人说的江，北方人称呼水道为"河"。《汉书》曰："罢池陂陁，下属江河。"唐初著名学者颜师古注解这句话说："南方无河也，冀州凡水大小皆谓之河。"说南方人不用"河"称呼水道，而冀州人则把大小水道都叫作河。"河"成为水流通称最初是从北方方言开始的，一直到唐初，后来才扩大使用范围到全国。

"河"后来引申指银河，即天空中带状的密集星群。银河，在我国古典诗文中还有不少有趣的别称，如：

曹操《观沧海》"星汉灿烂，若出其里"中的"星汉"。
陆机《拟明月皎夜光》"招摇西北指，天汉东南倾"中的"天汉"。
杜审言《七夕》"白露含明月，青霞断绛河"中的"绛河"。
李白《月下独酌》"永结无情游，相期邈云汉"中的"云汉"。
杜甫《阁夜》"五更鼓角声悲壮，三峡星河影动摇"中的"星河"。
王建《秋夜曲》"天河悠悠漏水长，南楼北斗两相当"中的"天河"。
李贺《溪晚凉》"玉烟青湿白如幢，银湾晓转流天东"中的"银湾"。
李商隐《嫦娥》"云母屏风烛影深，长河渐落晓星沉"中的"长河"。

与"河"有关的成语有口若悬河、信口开河、河海不择细流、河清海晏、三豕涉河、不废江河、河山表里、香象渡河等。

三豕涉河，出自《吕氏春秋·察传》："子夏之晋，过卫，有读史记者曰：'晋师三豕涉河。'子夏曰：'非也，是己亥也。夫己与三相近，豕与亥相似。'至于晋而问之，则曰：'晋师己亥涉河也。'"这段文字讲的是孔子的门

生子夏到晋国去，途经卫国时，听到有人在读史书记载：“晋国的军队三豕过河。”子夏一听心中暗暗发笑，三猪过河？别逗了。就与那人说：“你读错了，不是三豕，而是己亥，因为己与三、豕与亥字形有点像。”子夏到晋国一问，果不其然，晋国军队是己亥年渡河的。“三豕涉河”经常被用来比喻文字讹误与新闻失实。

香象渡河，最初见于《优婆塞戒经》：“如恒河水，三兽俱渡，兔、马、香象。兔不至底，浮水而过；马或至底，或不至底；象则尽底。”用来比喻悟道深刻，或比喻诗文写得透彻精辟。

“河”作为地名通名，被频繁使用，既可以表示天然河流，也可以表示人工开凿的河流，如辽河、大渡河、黑河、淮河、海河、洛河、汾河、沭河、卫河、永定河、额尔齐斯河、京杭大运河等。放眼世界，尼罗河是世界上最长的河流，亚马孙河是世界上流域面积最大的河流，京杭大运河是世界上最长的运河，多瑙河是世界上流经国家最多的河流。

湖，金文作，小篆作。

《说文解字·水部》曰：“湖，大陂也。从水，胡声。”“湖”是一个形声字，声符“胡”声中有义。《广雅》曰：“胡，大也。”从声符承载的语源义看，造字理据是水大为湖。“湖”本义指湖泊，陆地上蓄积的大水。凡大泽蓄水，南方名曰湖。

与“湖”有关的成语有五湖四海、湖光山色、浪迹江湖、三江五湖、啸傲湖山、湖海之士、襟江带湖、身在江湖、落魄江湖等。江湖，指江河湖泊，也指四方之地。

五湖四海，指的是全国各地、四面八方。语出唐代吕岩《绝句》：“斗笠为帆扇作舟，五湖四海任遨游。”“五湖”出处最早见于《周礼》：“东南曰扬州……其浸五湖。”“五湖”的说法不一，《国语》《史记》中的五湖专指太

▲ 明·项圣谟《林泉高逸图》

湖，或太湖附近湖泊。郦道元《水经注·沔水》曰："五湖，谓长荡湖、太湖、射湖、贵湖、滆湖。"唐代司马贞认为"五湖"是"具区（即太湖）、洮滆、彭蠡（即鄱阳湖）、青草、洞庭湖"。近代人们认为"五湖"指洞庭湖、鄱阳湖、太湖、巢湖、洪泽湖。"四海"的说法也有好几种。据《尔雅·释地》曰："九夷、八狄、七戎、六蛮谓之四海。"现在人们认为"四海"指东海、黄海、南海、渤海。另外一种说法，古人认为中国四面环海，因称四方为"四海"。"四海为家"一词中的"四海"指全国各地。如《论语·颜渊》："四海之内，皆兄弟也。"《三国志·诸葛亮传》："将军既帝室之胄，信义著于四海。""四海"也指世界各地，如"放之四海而皆准"。虽然古今对"五湖四海"的具体指认不同，但其含义不变，泛指四面八方。

我国湖泊众多，据不完全统计，一平方公里以上的湖泊约有2600多个。我国最大的淡水湖是江西的鄱阳湖，最大的咸水湖是青海湖，最深的湖是长白山的天池，海拔最高的湖是西藏的纳木错，海拔最低的湖是新疆维吾尔自治区吐鲁番盆地的艾丁湖，湖面低于海平面154米。

泉，甲骨文作[古文字]，金文作[古文字]，小篆作[古文字]。

《说文解字·泉部》曰："泉，水原也。象水流出成川形，凡泉之属皆从泉。""泉"是象形字，甲骨文、金文、小篆字形皆像泉水从泉穴中流出。"泉"的本义是水源，即地下涌出的水。"泉涌"指水不断地从地下冒出来，比喻源源不断，如泪如泉涌、文思泉涌。"泉"又用来指"泉下"，如黄泉、九泉就是古时候指人死后所去的地方，即阴曹地府。泉水有涌流不断的特性，因而"泉"在古代也是货币的名称。宋朝洪遵所撰的研究中国古代钱币

的著作就叫《泉志》，还有明清两代官府设置的铸钱机构叫“宝泉局”。

天下名泉很多，撰写《茶经》的唐代茶圣陆羽，把天下的泉水分成二十等。那是他游遍名山大川，用各地的甘泉煮水泡茶，细细品茗，排出来的名次。比如，他认为江西庐山的谷帘泉为“天下第一泉”。此泉发源于庐山汉阳峰，在康王谷遇到岩山阻隔，水流如珠帘挂在谷中，因而得名。用此泉水泡茶，据宋王禹偁说是：“其味不败，取茶煮之，浮云散雪之状，与井泉绝殊。”陆羽认为江苏无锡的惠山泉为“天下第二泉”。苏东坡品尝此泉后留下了“独携天上小团月，来试人间第二泉”的诗句。清代的康熙、乾隆皇帝下江南时，也专门前去游览品泉。陆羽认为湖北浠水兰溪口上游五里有一石穴流出的泉水为“天下第三泉”。清代浠水知县邵应龙曾有诗写道：“泉源半亩蓄方塘，荆棘纵横连阡陌。灵湫偏不受尘污，镜面平铺照眼碧。持得清泉数瓮归，活火煎烹快吾膈。蟹眼初看鱼眼生，妙法欲传鸿渐脉。”他觉得喝了第三泉水煮的茶，有“清风生两腋”飘飘然之感。

全国著名的泉水还有济南趵突泉、杭州虎跑泉、上饶陆羽泉、扬州大明寺泉、北京玉泉、苏州观音泉等。我国著名的泉城是山东省济南市，古时候以“家家泉水，户户垂杨”而闻名天下。元代地理学家于钦曾称赞说：“济南山水甲齐鲁，泉甲天下。”泉城历史上著名的泉水除了趵突泉外，还有黑虎泉、珍珠泉、白石泉、柳絮泉、知鱼泉、百脉泉、金线泉、卧牛泉等七十二泉。

汉字与植物

在中国广袤的土地上生长的植物，给我们提供了衣食住行的种种资源与养料。一方水土养一方人，养育我们的不仅仅是水和土，也包括在水土上滋养出来的植物。汉字从一诞生起，就与植物有着不解之缘。汉字描写的植物世界是博大精深的，正所谓“一花一世界，一叶一菩提”，值得我们去探索。

与植物有关的汉字主要分布在木、艸（艹）、竹、禾等部首下，据笔者统计，这四个部首下收录的汉字在《说文解字》一书中就有1000多个，约占全书9353个汉字的九分之一。其中木部字和艸（艹）部字各有400多个，竹部字有140多个，禾部字有90多个。其他与植物有关的字有不少也散见于瓜、米、食等部首下。这些汉字有表示植物名称、形态、性质、组成部分的，也有表示与植物有关的器物的。

木，甲骨文作[古文字形]，金文作[古文字形]，小篆作[古文字形]。

“木”是象形字，字形就像一棵树，中间的竖表示树干，下部左右伸展的笔画表示树根，上部左右伸展的笔画表示树枝。《庄子·山木》曰：“庄子行于山中，见大木，枝叶盛茂。”这里的大木就是大树的意思。“上古穴居而野

处，后世圣人易之以宫室。”在我国，树木被广泛应用，古建筑木结构居多，如新石器时代的干栏式建筑，而家具、农具、车辆、工具也都要用到木材。古人对树木的关注很早就开始了。《说文解字·木部》共收字400多个，其中有140多个字表示不同类型的树木，从产地、用途、质地等方面进行区分、命名。

果树是树木的一个种类。“果”甲骨文作。《说文解字·木部》曰：“果，木实也。从木，象果形在木之上。”《说文解字·木部》记载的果树有五果类、山果类、夷果类等六类，如橘、橙、柚、柑、桃等，是常见的果树。

橘，其栽培历史已有四千多年。《说文解字·木部》曰：“橘，果，出江南。从木，矞声。”战国屈原《橘颂》描写了橘树的美好形象：“后皇嘉树，橘徕服兮；受命不迁，生南国兮。深固难徙，更壹志兮；绿叶素荣，纷其可喜兮。”这首诗一开始就赞美橘树：“你是天地间的佳树，生来就适应环境，受命于天，坚定不移，只生长在南方。根深难以迁徙，正是你专一不移的秉性。碧绿的叶子衬托着白花，繁密纷纷让人欢喜。”古人很早就发现橘子生长在淮河以南，种植到淮河以北就变成枳。如《晏子春秋》有言：“橘生淮南则为橘，生于淮北则为枳，叶徒相似，其实味不同。所以然者何？水土异也。”橘树与枳树（又称枸橘）叶子相似，结的果实却味道不同，为什么会这样呢？是因为南北水土的差异导致的。成语淮橘为枳、南橘北枳、逾淮之橘都是讲的这个意思，比喻同一物种，因环境改变而发生变化。

橙，是个形声字。《说文解字·木部》曰：“橙，橘属。从木，登声。”其本义为果树名，属于柑橘类果树，果实为橙子。北宋苏轼《赠刘景文》曰：“荷尽已无擎雨盖，菊残犹有傲霜枝。一年好景君须记，最是橙黄橘绿时。”作者以为深秋初冬时节，最美的莫过于橙黄橘绿的景色。

柚，“条也，似橙而酢”。柚长得像橙子，但果肉比橙子酸。唐代王昌龄

《送魏二》诗云："醉别江楼橘柚香，江风引雨入舟凉。"作者在江边高楼上与朋友把酒话别，橘柚的香气阵阵传来，送行到客船上，江上的风带来凉意。唐五代宋词人孙光宪《浣溪沙》曰："蓼岸风多橘柚香，江边一望楚天长，片帆烟际闪孤光。"此词借景抒情，描写开满红蓼花的水岸边，橘柚的清香时时可以闻到，作者在江边遥望，楚天空阔，孤帆遥遥，江流浩荡，以此来抒发依依惜别之情。

柑，从木甘声，果实外形像橘子而更大，橙黄色，有芦柑、椪柑、佛手柑、蜜柑等多种。

桃，形声字，从木兆声。花色有粉红、粉白、桃红等。《诗经·周南·桃夭》曰："桃之夭夭，灼灼其华。"形容春天桃树绚丽茂盛，红色的桃花美而明艳。桃花常常用来形容女子的美丽，如桃夭，指红颜娇美的女子。桃腮粉脸，指女子粉红色的面颊。人面桃花，形容女子面容像桃花一样美，语出唐代崔护《题都城南庄》："去年今日此门中，人面桃花相映红。人面不知何处去，桃花依旧笑春风。"古代美人画桃花妆，先在脸上涂抹白粉，再以胭脂涂于两颊，浅者叫桃花妆，浓者叫酒晕妆。桃花运，指男子得到女子的青睐爱恋。

▲ 桃符

含"桃"字的词语还有桃符、投桃报李、世外桃源、桃李成蹊、桃园结义等。

桃符，与辟邪的民间风俗有关。上古传说有神荼、郁垒二神，能捉百鬼。王充《论衡》引《山海经》说桃都山上有大桃树，屈盘三千里，枝间东北叫鬼门，有万鬼出入。上面有神荼、郁垒两个神人，负责监察万鬼，专干坏事的鬼就会被他们用苇绳捆上送

去喂老虎。后来，神荼和郁垒就成了中国民间信奉的门神。新年宅子门边要放两块桃木板，上面或书写二神名字或雕刻二神像，用来驱鬼避邪，这就是桃符。

桃园结义，指的是三国刘备、关羽、张飞在桃园结拜为异姓兄弟，不求同生，但愿同死。

桃李成蹊，即“桃李不言，下自成蹊”，比喻为人真诚笃实，获得众人拥戴。

世外桃源，指的是避世隐居的地方。典出东晋陶渊明《桃花源记》。文章先以渔人误入桃花林为引子，描写了桃花源超然世外，百姓熙熙而乐、幸福安宁的单纯生活。这是一个理想的世界，很多人向往的世界。桃花源因此成为世外乐土的象征。

柳，甲骨文作，金文作，小篆作。

《说文解字·木部》曰：“柳，小杨也。从木，丣声。”“柳”是报春的使者，杜甫有诗曰：“侵陵雪色还萱草，漏泄春光是柳条。”古人有折柳赠别的

▲ 清·朱鼎新《送别图》

习俗，因“柳”与“留”谐音，“折柳”含有挽留之意；而且柳树生命力旺盛，用柳枝送友寓意友人无论漂泊何方都能落地生根、枝繁叶茂。如《诗经·小雅·采薇》曰：“昔我往矣，杨柳依依。今我来思，雨雪霏霏。”隋代无名氏的《送别》诗云：“杨柳青青著地垂，杨花漫漫搅天飞。柳条折尽花飞尽，借问行人归不归？”李白《忆秦娥》曰：“秦楼月，年年柳色，灞陵伤别。”唐代长安东边的灞水上有座灞桥，是东去洛阳的必经之路。京城人送客至此，大盛折柳惜别之风，因而灞水两岸遍植杨柳。柳叶中间宽两头尖，给人以柔美的感觉。因而，人们常用柳来形容女子风姿。如柳眉，比喻女子的眉毛像柳叶一样；柳腰，形容女子的身腰纤细柔软如柳条；柳娇花媚，形容女子娇娆妩媚。杭州西湖十景之一的柳浪闻莺，古名聚景园，是南宋皇帝的御花园。园林傍湖，绿草如茵，广植花草，柳树成林，随风飘逸，黄莺筑巢其中，鸣声清脆。明代万达甫《柳浪闻莺》诗称赞那一带美景：“柳荫深霭玉壶清，碧浪摇空舞袖轻。林外莺声啼不尽，画船何处又吹笙。”

桑，甲骨文作，小篆作。

“桑”是个象形字，甲骨文字形像一棵长着桑叶的桑树。《说文解字·叒部》曰：“桑，蚕所食叶木。从叒、木。”这个字不入木部，入叒部。桑树是落叶乔木，叶子可以饲养蚕，果子是桑葚，味甘可食。

带“桑”字的词语有桑榆、桑麻、桑梓、空桑、苞桑、人间沧桑、饱经沧桑、沧海桑田、桑间濮上等。桑榆，日落时阳光照在桑树与榆树间，借指傍晚或比喻人的晚年。桑梓，古人常在住宅旁种桑树和梓树，桑叶用来养蚕，梓木制作用具，后来就用“桑梓”比喻故乡。沧海桑田，来源于晋葛洪《神仙传》：麻姑“接待以来，已见东海三为桑田”，比喻世事无常、人生多变，或比喻世间事物变化巨大迅速。桑间濮上，语出《礼记·乐记》：“桑间

濮上之音，亡国之音也。”桑间与濮上都是卫国地名，是当时青年男女约会、唱情歌的地方，后来用来指男女幽会或淫靡之风盛行的地方。

松，金文作松，小篆作松。

“松”本义是松科植物的通称。《说文解字·木部》曰：“松，木也。从木，公声。”据北宋王安石《字说》云：“松为百木之长，犹公也。故字从公。”“松”由“木”与“公”构成，故被称作“木公”，明代洪璐为松树立传，留下《木公传》名篇。古人拆“木”字为十八，所以“松”还被称作“十八公”，元代冯子振曾撰《十八公赋》。

▲清·沈铨《松梅双鹤图》

松树是植物中的君子，它遒劲、挺拔、耐严寒风雪，品性崇高、坚贞、正直。孔子曾称赞松：“岁寒，然后知松柏之后凋也。”荀子也曾说过：“岁不寒无以知松柏，事不难无以知君子。”东汉文学家刘桢《赠从弟》诗云：“亭亭山上松，瑟瑟谷中风。风声一何盛，松枝一何劲。冰霜正惨凄，终岁常端正。岂不罹凝寒，松柏有本性。”山上的松树，在穿过山谷让人发抖的寒风中挺立。风声是如此猛烈，而松枝是如此的遒劲。无论冰霜风寒正凄惨相逼，松树的身姿总是那么端正。难道是它没有遭遇严寒吗？不是，松柏自有凌霜傲雪的本性。松树具有坚强不屈、高洁的品格与顽强的生命力。陈毅元帅《青松》说："大雪压青松，青松挺且直。要知松高洁，待到雪化时。"松树也是文人雅士喜欢的植物，文学作品中常见。如王维《山居秋暝》曰："空山新雨后，天气晚来秋。明月松间照，清泉石上流。"贾岛《寻隐者不遇》云："松下问童子，言师采药去。只在此山中，云深不知处。"隐者松间结庐舍而居，以松为伴，自有一番谢绝尘俗、高洁避世的情怀。

松树还有养生药用价值，唐代医药学家孙思邈曾服用松针、松子、松脂养生延年。松针可以治疗内脏肿毒、风寒湿症。松子久食润五脏、散风寒、补肾益气，令人轻身不老。松脂可以祛风、杀虫，治疗疥疮与皮癣；松脂变成化石就是琥珀，也是宁心安神、通淋化瘀的药。

与"松"字有关的成语及典故有松风水月、松鹤延年、苍松翠柏、松筠之节、玉洁松贞、岁寒松柏、赤松子、涧底松等。松鹤延年，松为长寿之树，鹤为长命之鸟，所以常常用来祝福人们如松鹤般吉祥长寿。涧底松，典出左思《咏史》："郁郁涧底松，离离山上苗。以彼径寸茎，荫此百尺条。世胄蹑高位，英俊沉下僚。地势使之然，由来非一朝。"这首诗以"涧底松"比喻有才能的贫寒之士，以"山上苗"比喻世家大族子弟，在门阀制度下，世家子弟占据高位，贫寒子弟只能屈居低位。左思借这首诗批评了官场的腐败不公。

古人在长期与植物相依相伴的过程中，对植物的品性有相当程度的了解，而且一些植物还被赋予了丰富的文化内涵，如梅、兰、竹、菊常常被喻为"四君子"，而君子风范则是中国古代知识分子所追求的高洁的人生境界。中国文人也常常赞赏"松、竹、梅"的品格，称它们为"岁寒三友"。

▲ 清·罗聘《梅花扇面》

梅，金文作，小篆作。

《说文解字·木部》曰："梅，枏（楠）也。""梅"的本义是楠。"梅"指梅树时一律是假借字，它的本字是"楳"。"梅"借指梅树盛行后，它的本义被废。"梅"也可引申指梅树的果实。如《诗经·召南·摽有梅》曰："摽有梅，顷筐塈之！"意思是梅子纷纷落地，要拿着筐子来拾取。这儿的"梅"是一种酸甜可口的果子，俗称"梅子"。梅子很酸，以至于一想到青梅，嘴巴就会流口水，因而止渴。成语有望梅止渴，语出南朝宋刘义庆《世说新语》。东汉末年的初夏，曹操率军攻打宛城，长途跋涉，士兵们都嗓子冒烟，路上又找不到取水的地方。曹操为了不耽误行军，就发令说："前面有大片梅林，果实累累，又甜又酸，可以解渴。"士兵们听到后，嘴里都流出了口水，最终到达了前面有水源的地方。

梅原产中国，有三千多年的栽培史，耐寒，花蕾在冬天蕴蓄力量，立春一过，渐次绽放花蕊，气味清香。梅的品种有很多，色彩也多样，有白色、粉色、深红色、嫣红色等。

梅的品格高洁，凌霜傲雪。清代江南有许多赏梅地，龚自珍《病梅馆记》说："江宁之龙蟠，苏州之邓尉，杭州之西溪，皆产梅。"当时的人对梅的审美意识有些病态："梅以曲为美，直则无姿；以欹为美，正则无景；以疏为美，密则无态。”以这种标准来种植梅树，去梅之正枝，留下斜斜的侧枝，砍去茂密的嫩枝，去除掉笔直的枝干，梅树的生气被遏制，枝干扭曲。龚自珍认为梅树因此失去天然之美，变成病梅。他因此设立病梅馆，购入三百多盆病梅，准备花五年以上的时间让这些梅树恢复健康的形态。如今江南梅园更多，如无锡梅园、南京梅花山、上海淀山湖梅园、杭州灵峰梅园。杭州灵峰梅园种植了四五千棵的梅树，杭州超山“十里梅花香雪海”亦闻名遐迩，以“古、广、奇”闻名。

爱梅成痴的，大概要数北宋诗人林逋。他是钱塘人，隐居西湖孤山，种梅养鹤，以梅为妻，以鹤为子；吟诗作画，终身不仕，亦不娶妻，故人称“梅妻鹤子”，传为千古佳话。后来用梅妻鹤子比喻隐逸生活和恬然自适的超脱清高情态。林逋写《山园小梅》：“众芳摇落独暄妍，占尽风情向小园。疏影横斜水清浅，暗香浮动月黄昏。”此咏梅佳句正是他隐逸情怀的写照。

梅开二度，梅树开了一次花后，还能开第二次花，比喻人的婚姻、事业一度美满或兴旺后，归于平淡，后来又兴旺起来。此成语源自清代惜阴堂主人写的小说《二度梅》：“梅开二度千古佳话，花园联诗万载奇逢。”

青梅竹马，指的是两小无猜、亲密无间的友谊，也指童年玩伴成为恋人或夫妻的。典出李白《长干行》：“郎骑竹马来，绕床弄青梅。同居长干里，两小无嫌猜。”

江南的农历五六月间，正是梅子成熟的季节，此时阴雨连绵，称作“梅雨季节”。北宋词人贺铸《青玉案·凌波不过横塘路》曰：“试问闲愁都几许？一川烟草，满城风絮，梅子黄时雨。”他借春天烟雨迷蒙中的遍地青草，满城飞扬的柳絮，梅子黄熟时期的梅雨，抒发怀才不遇、锦瑟年华虚度的闲愁。贺铸也因这一名作，被称为“贺梅子”。

梅花凌霜斗雪，不畏严寒；风骨俊傲，不趋荣利；坚贞不屈，高洁雅

致。因而自古以来，有很多文人墨客被梅花的独特气质所深深吸引，留下了许多咏梅的诗词佳句。如宋王安石《梅花》：“墙角数枝梅，凌寒独自开。遥知不是雪，为有暗香来。”此诗描写梅花的高洁独立，挺立严寒之中，花开如雪，清香四溢。宋陆游《卜算子·咏梅》：“无意苦争春，一任群芳妒。零落成泥碾作尘，只有香如故。”梅花不屑与百花争艳，即使花瓣飘落碾作尘土，依旧散发出缕缕清香。梅花傲然不屈的品性跃然纸上。历来画梅、题梅诗众多，如元王冕《墨梅》诗云：“我家洗砚池边树，朵朵花开淡墨痕。不要人夸好颜色，只留清气满乾坤。”明徐渭《题画梅》：“从来不见梅花谱，信手拈来自有神。不信试看千万树，东风吹着便成春。”明方孝孺《画梅》：“微雪初消月半池，篱边遥见两三枝。清香传得天心在，未话寻常草木知。”这些诗句都是表达梅花高标一格，超越尘俗之美，清气袭人，不比寻常草木。

▲元·王冕《南枝春早图》

▲ 清·顾湄《兰石图》

兰，小篆作䕨。

兰，繁体字为“蘭”，《说文解字·艸部》曰：“蘭，香草也。从艸，闌声。”兰是一种香草，古人喜欢随身佩带香草，用它驱邪除秽，清香身心。如屈原在《楚辞·离骚》中就说：“扈江离与辟芷兮，纫秋兰以为佩。”淡雅、素净的兰花生性洁净，不与杂草败叶为伍，高雅之士称它：“终年不凋，幽香清远，神静韵高。”

兰，花中君子，在中国古诗文中是一种美好的意象，象征高风亮节，因而与“兰”有关的很多词语都蕴含美好的意思。如兰闺，指汉代后妃的居室，后来泛指女子居处。唐代王勃《春思赋》曰：“自有兰闺数十重，安知榆塞三千里。”兰房、兰室，都指高雅优美的居室，或指女子居住的香闺。兰章，指美好的文辞。兰言，比喻心意相投的言论。兰交，指知心朋友。朋友间友情契合、交情深厚称“金兰”，也说“金兰之交”“契若金兰”。

空谷幽兰，指生长在深谷中的兰花，常用来比喻人品高雅。蕙质兰心，指蕙草般的本质，兰花样的心地，形容女子芳洁高雅。沅芷澧兰，比喻高洁之人或脱俗之事物。语出《楚辞·九歌·湘夫人》：“沅有芷兮澧有兰。”王逸注云：“言沅水之中有盛茂之芷，澧水之内有芬芳之兰，异于众草。”如清金农《寄岳州黄处士》诗曰：“沅芷澧兰骚客远，朱桥粉郭酒人疏。”

兰台，战国时楚国的台名，其上建有宫殿。汉代指宫中藏书的地方。西汉由御史中丞掌管，东汉置兰台令史，点校图书，治理文书，修史撰著。班固、刘复、傅毅、贾逵等著名学者都担任过兰台令史。唐代则是秘书省的别称，掌管图书秘籍。

兰亭会、兰亭觞咏、兰亭修禊，指的都是高朋雅集、宴饮赋诗的盛会。典出东晋王羲之《兰亭序》：“永和九年，岁在癸丑，暮春之初，会于会稽山阴之兰亭，修禊事也。”讲的是永和九年（353）上巳日那一天，王羲之、谢安、孙绰等四十二人曾在兰亭雅集，曲水流觞，饮酒赋诗，按照传统举行修禊仪式。修禊，古时候濯除不洁的节日，每年农历三月三日上巳日，临水洗濯，借以除不祥。王羲之书写的《兰亭序》秀丽飘逸，笔法遒劲，典雅无双，是中国书法史上的瑰宝，被誉为“天下第一行书”。

竹，甲骨文作，金文作，小篆作。

甲骨文、金文与小篆的“竹”字都是象形字。“竹”甲骨文字形像两根竹枝生长出下垂的竹叶，金文字形像初生的竹子，小篆字形则像竹竿对生的两片竹叶。《说文解字·竹部》曰：“竹，冬生草也。象形，下垂者，箁箬也。凡竹之属皆从竹。”箁，竹箨，即竹笋上一片片的皮，俗称笋壳；箬，竹笋皮。

▲ 清·郑燮《十笏茅斋竹石图》

竹子四季青翠，竹竿圆柱形中空有节，挺拔修长，随风摇曳，妙曼生姿。唐代白居易写过散文《养竹记》，将竹子比作贤人，有本固、性直、虚心、节贞的品性。张九龄《和黄门卢侍御咏竹》诗赞美竹子：“高节人相重，虚心世所知。”宋代文学家苏轼尤其爱竹，他的《於潜僧绿筠轩》一诗云：“可使食无肉，不可居无竹。无肉令人瘦，无竹令人俗。人瘦尚可肥，士俗不可医。”清代“扬州八怪”之一的郑板桥，一生以竹为伴，爱竹、画竹、吟竹。他在家四周遍栽竹子，夏日炎炎，他置一小竹床于竹林，闻着竹子的清香看书，倦了就在竹床上歇息，欣赏竹景。秋冬时，他将竹窗糊上白纸，竹叶映在窗纸上，室内有竹影如画。郑板桥一生画竹最多，咏竹言志，画竹传情。其中《十笏茅斋竹石图》题识云：“十笏茅斋，一方天井，修竹数竿，石笋数尺，其地无多，其费亦无多也。而风中雨中有声，日中月中有影，诗中酒中有情，闲中闷中有伴，非唯我爱竹石，而竹石亦爱我也。”他不羡慕万金造园亭，只要一室小景，有竹子相伴，便觉有情有味，心生惬意。他还有一首赞美竹子的题画诗《竹石》：“咬定青山不放松，立根原在破岩中。千磨万击还坚劲，任尔东西南北风。”此诗写出了竹子顽强而又执着的品质，表明了作者那种刚正不阿、坚强不屈的性格，以及不向邪恶势力低头的铮铮傲骨。

与“竹”字有关的词有竹笑、胸有成竹、青梅竹马、势如破竹、罄竹难书、竹溪六逸、松苞竹茂、竹林七贤等。

竹笑，形容竹子遇风弯曲的姿态。元代李衎《竹谱详录·竹态》曰：“竹得风，其体夭屈谓之竹笑。”人笑弯腰，竹笑亦弯。

竹林七贤，指魏末晋初的七位名士：阮籍、嵇康、山涛、刘伶、阮咸、向秀、王戎。他们是魏晋玄学的代表人物，常在竹林之下聚会酣饮清谈，因而得名“竹林七贤”。他们倡导的玄学称竹林玄学，是魏晋玄学的第二阶段，是以老庄思想为主的一种哲学思潮，主张“越名教而任自然”，否认王权，逾越儒家名教礼法，主张个人的精神超越，偏爱老庄学说，带有浓厚的理想色彩。何谓名教？名教即封建社会中以儒家思想和礼仪建立的统治秩序与社会规范。何谓自然？自然即未经人为干预的宇宙万物的本来样子。《老子》曰：“人法地，地法天，天法道，道法自然。”竹林七贤也是魏晋风度的代表，受道家学说与玄学清谈思潮的影响，追求自然、自我、自由。

▲清·冷枚《竹林七贤》

竹部字很多，仅《说文解字》就收集有140多个，有表示竹子的某一部分的，有表示竹制器具的，其中包括衣食住行的生活用具，与百业相关的生产用具，有军事、刑法、礼制、祭祀占卜用具，还有文化用具。表示竹子某一部位的，如笋（竹子的嫩芽）、節（简体字为“节”，竹节）、竿（竹子的主干）、筒（竹管）、笨（本义为竹子的内层，通称“竹黄”）。表示乐器的，如笛、笙、竽（古代的簧管乐器，形似笙而略大）、箫（管乐器，指洞箫，也可指排箫）、筑（古代弦乐器，有十三弦）、籁（古代的一种箫）、管（指吹奏的乐器）。表示文化用品的，如笔、籍、简、符（符节）、等（整齐的竹简）、篰（竹篓）。表示容器的，如篮、篓、笥（盛饭食或衣物的竹器）、簋（古代盛食物的器具，双耳圆口）、筥（圆形竹筐）、箪（古代盛饭的圆竹器）、筲（一种盛饭用的竹筐）。表示家居用品的，如簾（简体字为“帘”）、筵（古人席地而坐用的竹席）、簟（竹席）、箸（筷子）。竹子用途广泛，苏轼对竹的功用曾有过这样的叙说：食者竹笋，庇者竹瓦，戴者竹篾，炊者竹薪，衣者竹皮，书者竹纸，履者竹鞋，真可谓不可一日无此君。

菊，小篆作。

《说文解字·艸部》曰：“蘜，日精也，以秋华。”“蘜”是“菊”的本字，后来才写作菊。而“菊”在《说文解字》中本义是指蘧麦。蘧麦是瞿麦的别名，一种多年生草本植物，高达一米，属于石竹科，夏季开花，花色淡红或白，叶对生，狭披针形。换言之，“菊”是个假借字。

菊为多年生草本植物，秋天开花，品种极多，花色丰富，有红、紫、黄、白、绿等。菊花原产于我国，有悠久的栽培史。《礼记·月令》有载：“鸿雁来宾，爵入大水为蛤，鞠有黄华。”鞠是黄色的菊花。这是关于菊花最早的文献记录，说明至少从周代开始就有菊花。菊花进入园艺栽培在晋代，明代王象晋《二如亭群芳谱》中记载菊花有六大类近三百个品种，到现在菊花已经有三千多个品种，三十多个花型。

与菊花有关的诗句很多，东晋诗人陶渊明是个爱菊之人，他的《饮酒》诗写菊花很有隐逸意境：“结庐在人境，而无车马喧。问君何能尔，心远地自偏。采菊东篱下，悠然见南山。山气日夕佳，飞鸟相与还。此中有真意，欲辨已忘言。”还有诗句“秋菊有佳色，裛露掇其英。泛此忘忧物，远我遗世情”，以菊花酒与赏菊来表达一种脱离尘俗、逍遥闲适的心境。唐代元稹有《菊花》诗曰：“秋丛绕舍似陶家，遍绕篱边日渐斜。不是花中偏爱菊，此花开尽更无花。”黄巢《题菊花》非常霸气，诗云：“飒飒西风满院栽，蕊寒香冷蝶难来。他年我若为青帝，报与桃花一处开。”他还写了《不第后赋菊》：“待到秋来九月八，我花开后百花杀。冲天香阵透长安，满城尽带黄金甲。”借菊抒怀，已经可以看出他志在推翻帝王并取而代之的志向与气魄。菊花在百花凋零的深秋凌霜开放，英雄豪杰、文人墨客常常托物言志，借菊花抒发自己的抱负与情怀。菊花因此有了深刻的文化内涵，可以表达高洁、正直、不媚俗等品格。白居易《咏菊》：“一夜新霜著瓦轻，芭蕉新折败荷倾。耐寒

▶ 清·恽寿平《菊花图》

唯有东篱菊，金粟初开晓更清。”李商隐《菊花》：“暗暗淡淡紫，融融冶冶黄。陶令篱边色，罗含宅里香。”低调的紫色，与美丽娇艳的黄色，花色相映，香气袭来，妙境顿生。北宋周敦颐在《爱莲说》一文中称菊是“花之隐逸者”。

菊花可以泡茶，也可以入馔。菊花入食谱由来已久，最常见的是制作菊花酒、菊花茶、菊花糕、菊花粥、菊花羹、菊花菜。屈原在《离骚》中写道：“朝饮木兰之坠露兮，夕餐秋菊之落英。”他早上饮啜木兰花上的露水，傍晚食用落下的秋菊花瓣。三国曹丕喜欢服食菊花，认为菊花有养生延年的功效。他写了《与钟繇九日送菊书》，文曰：“岁往月来，忽逢九月九日。九为阳数，而日月并应，俗嘉其名，以为宜于长久……惟芳菊纷然独荣，非夫含乾坤之纯和，体芬芳之淑气，孰能如此？故屈平悲冉冉之将老，思餐秋菊之落英，辅体延年，莫斯之贵。谨奉一束，以助彭祖之术。”重阳节曹丕送钟繇菊花写了这封信。钟繇，汉魏朝廷重臣、著名书法家，九日指的是农历九月九日重阳节。魏文帝曹丕非常器重钟繇，所以送菊花给他食用养生。在这封书信中，他指出当其他花儿凋谢后，只有菊花盛开，如果不是含天地纯和的气息，体现芬芳美善的气味，怎么能这样呢？

草，小篆作草。

草本植物也是植物中的一个大类。草，《六书通》里的篆体写作艸，本义是草本植物的总称。《说文解字·艸部》曰："艸，百艸也。从二屮。凡艸之属皆从艸。""艸"是个转注字，百姓常常用"草"代替"艸"。《说文解字·艸部》曰："草，草斗，栎实也。"其实"草"的本义是栎树的果实。后来人们借"草"代"艸"，"艸"则做偏旁用，写作"艹"（草字头）。

▲日本·细井徇《诗经名物图》（莞）

《说文解字》收草部字共400多个，很多是草本植物专名。草可以分为山草类、芳草类、毒草类、蔓草类、水草类、石草类等。水草类如蒲、苹、莞等。蒲、莞是可以编织席子的水草。蒲草的学名叫水烛，香蒲科香蒲属草本植物，叶子柔韧，屈伸随意，可以编席铺垫。汉乐府诗《孔雀东南飞》写了蒲草的柔韧："君当作磐石，妾当作蒲苇。蒲苇纫如丝，磐石无转移。"莞，别名水葱，为莎草科多年生草本植物。莞草丛生水中，茎秆圆而中空，可以做景观植物，也可以做插花材料、编织草席。广东东莞地名由来，即因古代此地盛产莞草。明代《东莞县志》记载："莞，草名，可以为席。邑在广州之东，海旁多产莞草，故名。"清代屈大均《广东新语》也说："东莞人多以作莞席为业，县因以名。县在广州之东，故曰东莞。"

莲，《说文解字·艸部》曰："莲，芙蕖之实也。从艸，连声。""莲"是个形声字，声旁"连"兼表义。清人徐灏说："莲之言连，其房如蜂窠相连属也。""莲"之所以读连音，是因为莲蓬形状像蜂巢一样相连。"莲"本义是莲子，后来用来称莲花。莲花的别称有很多，如荷花、芙蕖、藕花、菡萏、玉

芝、水芝、水华、水芙蓉、君子花等。莲，纯洁高雅，妩媚动人，历来受到文人墨客的喜爱。北宋周郭颐写了《爱莲说》，称赞莲花“出淤泥而不染，濯清涟而不妖”，是花中君子。

带“草”字的成语，有奇花异草、草长莺飞、绿草如茵、蔓草难除、草木皆兵、草菅人命、草船借箭、拈花惹草、草莽英雄、打草惊蛇、草蛇灰线、结草衔环等。草长莺飞，指江南明媚的春天景色。绿草如茵中的“茵”指的是草席或褥垫，绿草如茵形容草茂密如铺褥垫。草菅人命，把人命看得像野草一样，任意杀戮。草蛇灰线，比喻事物留下的隐约可见的迹象与线索。草船借箭，比喻借用他人的力量来达到自己的目的。典出《三国演义》，诸葛亮用草船在大雾天迷惑曹操军队，使得对方万箭齐发，成功借到十万支箭。

历代文人描写“草”的诗词佳句也不少。如：

青青河畔草，郁郁园中柳。（汉·无名氏《古诗十九首》）

春草似青袍，秋月如团扇。（南朝梁·何逊《与苏九德别》）

映阶碧草自春色，隔叶黄鹂空好音。（唐·杜甫《蜀相》）

离离原上草，一岁一枯荣。野火烧不尽，春风吹又生。（唐·白居易《赋得古原草送别》）

天意怜幽草，人间重晚晴。（唐·李商隐《晚晴》）

枝上柳绵吹又少，天涯何处无芳草。（宋·苏轼《蝶恋花》）

野花向客开如笑，芳草留人意自闲。（宋·欧阳修《再至西都》）

嫩绿柔香远更浓，春来无处不茸茸。（明·杨基《春草》）

儿童不知春，问草何故绿。（清·袁枚《偶作五绝句》）

禾，甲骨文作[illegible]，金文作[illegible]，小篆作[illegible]。

“禾”是象形字，甲骨文和金文字形像一棵生长在田野上谷穗下垂的禾苗。中间是禾秆，向上分出的像叶子，向下分出的像禾根，顶上下垂的弯线像禾穗。“禾”的小篆字形谷穗仍然下垂，但叶、根都变了形。《说文解字·禾部》曰：“禾，嘉谷也。二月始生，八月而孰（熟），得时之中，故谓之禾。”“禾”的本义指粟，后来成为谷类作物的统称。古代谷物种植非常普遍。唐代李绅《悯农》诗云：“锄禾日当午，汗滴禾下土。谁知盘中餐，粒粒皆辛苦。”此诗描写了农民种田的辛劳。

以“禾”为形旁的字有不少与庄稼有关，如稻、黍、稷、稼、穑、穅（现写作“糠”，指谷皮）、颖（禾本科植物小穗基部的两枚苞片）等。稻，分水稻与旱稻，通常指水稻。考古学家在浙江河姆渡遗址发现约7000年前的稻谷遗迹，证明了我国是亚洲栽培稻的起源地之一。稷，本义是谷物名，可以指粟、黍之不黏者或高粱，引申作五谷总名；也指五谷之长（即古代掌管农事的官）和五谷之神。“稷”（谷神）与“社”（土神）相配即“社稷”，是古代帝王与诸侯祭祀的对象，古时常用来做国家的代称。稼，指耕作、种植；穑，指收获庄稼；稼穑，指耕作与收获，泛指农业劳动。“秋”这个字也与“禾”有关。《说文解字·禾部》曰：“秋，禾谷孰（熟）也。”“秋”的本义是禾谷成熟而有收成。庄稼成熟，收获的季节即为秋季，所以“秋”引申为秋季。

▲ 稻谷

以五采彰施于五色，作服，汝明。

——《尚书·益稷》

汉字与色彩有着久远的联系，在我们生活的这个五彩世界中，古人很早就用汉字来表达他们对五彩缤纷的世界的感受与喜爱。上古的人首先注意的颜色是赤、白、黑（幽）、黄四个色系，甲骨文中就有这五个字，黑、幽同义，但使用范围不同。金文中表示色彩的字更多，青（葱）、赤（朱、彤、纁）、黄、白（素）、黑（幽、玄）五色俱全。青、赤、黄、白、黑这五种纯正的颜色为正色，又以绿、红、碧、紫、骝黄为间色。间色是在正色的基础上添加颜色而成，如青加黄为绿，赤加白为红，黄加白为骝黄。在中国传统观念中，认为正色尊，间色贱。据《礼记·王藻》记载："衣正色，裳间色，非列采不入公门。"间色不能用于上衣，更不能用于正式的朝服，而只能用于穿在下面的"裳"。句中的"列采"就是指正色服饰，也就是说没有穿着正色衣服，就不能进入公门。

色彩与方位对应，在西周已经出现。《周礼·春官·大宗伯》记载周代祭祀五帝的仪式，礼器、牺牲（祭祀用的动物）、丝织品都是与五方的颜色匹配的："以玉作六器，以礼天地四方。以苍璧礼天，以黄琮礼地，以青圭礼东方，以赤璋礼南方，以白琥礼西方，以玄璜礼北方。皆有牲币，各放其器之

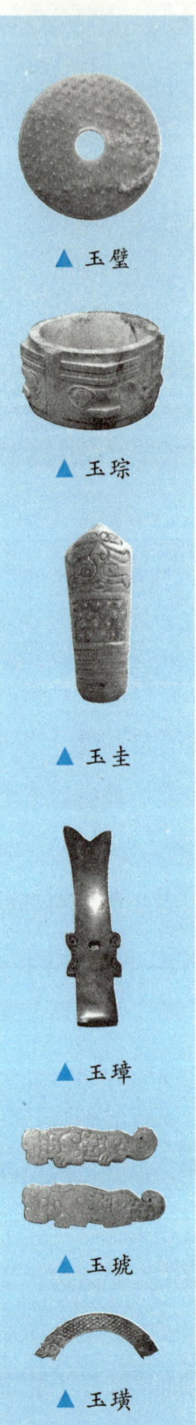
▲玉璧

▲玉琮

▲玉圭

▲玉璋

▲玉琥

▲玉璜

色。”这段话的意思是，用玉来制作六种玉器，祭祀时礼敬天地四方。用苍璧礼敬天，用黄琮礼敬地，用青圭礼敬东方，用赤璋礼敬南方，用白琥礼敬西方，用玄璜礼敬北方。对应还有牺牲和束帛，都是按照玉器的颜色配置的。苍璧、黄琮、青圭、赤璋、白琥、玄璜是六种礼器，寓意吉祥，也称“六瑞”。东方青、南方赤、西方白、北方黑、中央黄，谓五方色。

阴阳五行学说与五色有密切关系。《尚书·洪范》载：“五行：一曰水，二曰火，三曰木，四曰金，五曰土。”金木水火土为五行，五行与五色的结合见于《逸周书》：“五行：一，黑位水；二，赤位火；三，苍位木；四，白位金；五，黄位土。”《淮南子》记载“女娲炼五色石以补苍天”，青、赤、黄、白、黑是中华文化的重要载体，古人的哲学观、宇宙观都与之密切相关。《淮南子》定五色为正色，赋予其丰富的内涵：东青龙，属木，青色；西白虎，属金，白色；南朱雀，属火，赤色；北玄武，属水，黑色；中央方位属土，黄色。五行相生相克关系为：金生水、水生木、木生火、火生土、

五行	木	火	土	金	水
五色	青	赤	黄	白	黑
五方	东	南	中	西	北
五德	仁	义	礼	智	信

土生金；金克木、木克土、土克水、水克火、火克金。朝代更替也体现了五行之德周而复始的规律，这就是“五德始终说”。

青，金文作，小篆作。

“青”最初出现在金文中，与小篆有点区别。金文字形下半部分是“井”，上面是“生”，井上生出来的是什么呢？是青绿色的植物。小篆字形下面是“丹”，上面是“生”。古人有不同的解读，有代表性的是以下两种说法：

其一，《说文解字·青部》曰：“青，东方色也。木生火，从生、丹。”徐灏《说文解字注笺》言：“此以青之字义取于东方之木，又因木生火以为文，而字形并无木与火，乃以丹代火，遂谓生、丹为青。”许慎与徐灏都是从五行学说来解释“青”字的本义，因为五行中“青”属于“木行”，乃东方之行。木生火就是青生丹，火的颜色就是红色如丹的。青，古代属于东方色。明代杨慎云：“木色青，故青者东方也。”五行中的“木”对应五色中的“青”，对应四季中的春天。因此，青是与春天对应的颜色。

其二，清代文字学家朱骏声《说文通训定声》认为“青”字应当从生从井，是个会意字，从字形看，指生长在井边的绿色植物，这个绿是新绿，是春天植物叶子的颜色。《说文解字·生部》曰：“生，进也。象艸木生出土上。”

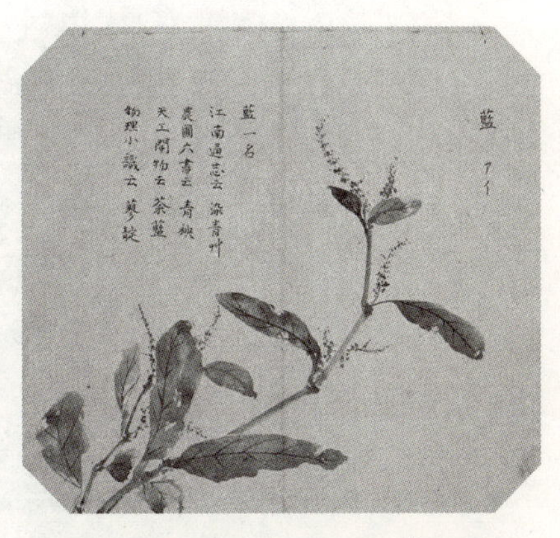

▲日本·细井徇《诗经名物图》(蓝)

“青”在上古兼指绿色和蓝色。《庄子·逍遥游》曰：“绝云气，负青天，然后图南，且适南冥也。”说的是大鹏鸟超越云气层之上，背负蓝天向南海飞去，这里的“青”是指蔚蓝。而《荀子·劝学》言：“青，取之于蓝，而青于蓝。”意思是说“青”是从蓝草里提取出来的，但颜色比蓝草更深。这里的“青”指靛青——深蓝色，比蓝天的蓝要深多了。“蓝”指蓝草，包括菘蓝、木蓝、蓼蓝等品种，用蓝草的叶子腌泡发酵，加入蛎灰或石灰搅和，沉淀后可以制成靛青染料。

“青”表示绿色。如《诗经·小雅·青蝇》曰：“营营青蝇，止于樊。”讲的是绿苍蝇飞来飞去，停在篱笆上。王维《送元二使安西》云：“渭城朝雨浥轻尘，客舍青青柳色新。”写渭城春天风光，早上的雨润湿了路上尘土，旅店边的柳树发芽，颜色新绿。

带有“青”字的词语有青女、青天、青云、青鸟、青史、青阳、青丝、青衫、青帝、青苗、青庐、青宫、青睐等。

青女是神话中掌管霜雪的女神。《淮南子·天文训》载：“至秋三月……青女乃出，以降霜雪。”所以青女也可以借代指霜雪。

青鸟是神话传说中为西王母取食传信的神鸟。西王母有三只青鸟，汉代画像石上常常侍奉在西王母座旁，其中一只为信使。后来传信使者也称为青

▲汉画像石上的西王母像

鸟。李商隐《无题》曰："蓬山此去无多路，青鸟殷勤为探看。"意思是恋人的住处在蓬莱山，相见很难，只好请青鸟多多探望传递信息。

青史的"青"指竹简，古人用它来书写记事，所以青史指史书。元代无名氏《昊天塔》："俺不能勾青史标名，留芳万古。"《三国演义》第三十六回："愿诸公善事使君，以图名垂竹帛，功标青史。"青史留名、永垂青史都指在历史上留下好名声。

青阳指的是春天，也可以称青春。如《楚辞·大招》曰："青春受谢，白日昭只。"意思是春季降临，太阳明亮。杜甫《闻官军收河南河北》："白日放歌须纵酒，青春作伴好还乡。"此处"青春"也指春天。

青衫是什么颜色呢？《旧唐书·高宗纪》记载上元元年（674）唐代官品服色："敕文武官三品以上服紫，四品深绯，五

▲ 清·张熊《海棠秋菊》

▲ 元·黄公望《富春山居图》(局部)

品浅绯，六品深绿，七品浅绿，八品深青，九品浅青。”唐八品、九品官穿的是青衫，深青近于青黑色。显然，青色官服是品级低的官员穿的。因此，青衫也成了官卑职小、地位低下的代称。如白居易《琵琶行》：“座中泪下谁最多？江州司马青衫湿。”欧阳修《圣俞会饮》：“嗟余身贱不敢荐，四十白发犹青衫。”

青帝是古代神话传说中五方天帝之一，又称仓帝。他掌管东方，是春天之神与百花之神，摄青龙，被道教尊为神，所以东岳泰山有青帝宫，山麓下原来有青帝观。唐朝末年，黄巢写有《题菊花》：“飒飒西风满院栽，蕊寒香冷蝶难来。他年我若为青帝，报与桃花一处开。”他爱菊花，说自己要是做了青帝，就会让菊花与桃花一样在明媚春光中绽放。唐徐寅《蕉叶》诗曰：“绿绮新裁织女机，摆风摇日影离披。只因青帝行春罢，闲倚东墙卓翠旗。”此诗用比拟的手法形象地描写了蕉叶如新裁绿色绮罗，在风和日丽中摇摆着身影，只是因为青帝行布春天已过，它倚着东墙高举着翠绿旗帜。

“青”也有黑色之义。如青丝、青鬓、青髻、青眼，这些词语中的“青”都是指黑色。青眼、青睐表示对人喜爱或器重。晋代阮籍能为青白眼，见高雅之士以青眼相看，见庸俗之人则白眼对之。

以“青”做形符的字最常见的有靓、静、靛，而以“青”做声符的字比较多，有清、蜻、晴、靖、婧、倩、精、箐等。

“青”系列的汉字有29个，最常见的是青、蓝、碧、绿、翠、苍、葱、缥。

碧，《说文解字·玉部》曰：“碧，石之青美者。从玉、石，白声。”段玉裁注：“从玉石者，似玉之石也。碧色青白，金克木之色也，故从白。云白声者，以形声苞会意。”“碧”的本义是青绿色的玉石，后引申表示“青绿色”。如南朝江淹《别赋》：“春草碧色，春水绿波。”

绿，《说文解字·糸部》曰：“绿，帛青黄色也。”“绿”是形声字，从糸录声。这个字用“糸”做形旁，本义指青黄色的丝帛。古人很早就发现蓝色与黄色相掺和变成绿色，称青黄色，这是一种间色，可以用来给丝绸染色。《诗经·小雅·采绿》曰：“终朝采绿，不盈一匊。”此处“绿”指王刍，又称荩草，可以提炼黄色染料，用于丝毛染色。如果与靛青套染，就可以得到青黄色。绿是属于生命与春天的颜色，引申为绿色。

翠，形声字，从羽卒声，形旁羽为鸟羽之象，本义为羽毛青绿色的翡翠鸟，后引申指青绿色。如，唐代诗人韩翃《赠别上元主簿张著》云：“日日澄江带山翠，绿芳都在经过地。”每日江水都映着山的倒影青绿明澈，绿色的芳草都在经过的地方。

苍，《说文解字·艸部》曰：“苍，艸色也。从艸，仓声。”本义是草的颜色，引申指浅青色、青黑色。“苍”比较暗沉浓郁，如苍松、苍翠。“苍”可指天色，如《敕勒歌》曰：“天苍苍，野茫茫，风吹草低见牛羊。”“苍”也可指灰蓝或灰白的天空。“苍天将死，黄天当立”，这是东汉黄巾军起义的口号。苍天之“苍”是蓝色，是水的颜色，象征东汉的水德；黄天之“黄”象征黄巾军建立的农民政权，表示土德，取五行相克原理，土克水，预示起义获胜。“苍”后来也指灰白色，如白居易《卖炭翁》：“满面尘灰烟火色，两鬓苍苍十指黑。”

葱，本义是指葱类植物，可做蔬菜、香辛料及药用，后来引申为青绿色。含“葱”字的词语有葱绿、葱郁、葱茏（青翠茂盛）、青葱（翠绿色）、郁郁葱葱、葱翠欲滴（形容植物翠绿润泽似乎含水，与苍翠欲滴同义）、葱蔚洇润（形容草木苍翠润泽）、停僮葱翠（形容枝叶繁密青翠）等。

缥，青白色也。南朝诗人吴均《与朱元思书》描写富春山水：“风烟俱净，天山共色。从流飘荡，任意东西。自富阳至桐庐一百许里，奇山异水，天下独绝。水皆缥碧，千丈见底。游鱼细石，直视无碍。”缥碧指淡淡的晶莹清澈的绿。

赤，甲骨文作，金文作，小篆作。

“赤”是会意字，甲骨文、金文和小篆的字形都是上面为“大”，下面为“火”，大火为“赤”，本义是火的颜色，即红色。《礼记·月令》载：“天子居明堂大庙，乘朱辂，驾赤骝，载赤旗，衣朱衣，服赤玉。”小暑节气时，天子应时而居于明堂大庙，外出要顺应夏火之色，乘红色的车，驾红色的马，插红色的旗，穿红色的衣服，佩戴红色的玉。

以“赤”为形旁的字有不少与红色有关，如赫（红如火烧，泛指红色）、赭（红褐色）、赪（红色）、赧（因羞愧而脸红）、赯（红色，多用于人的脸色）等。

不同的朝代崇尚的颜色也有区别。如《礼记·明堂位》记载："殷之大白，周之大赤。"孔颖达疏："殷之大白，谓之白色旗；周之大赤者，赤色旗。此大白大赤，各随代之色，无所画也。"殷商时代崇尚白色，周代崇尚赤色，因此殷天子用的是大白旗，周天子用的是大赤旗。

初生的婴儿全身呈红色，故叫作赤子。赤子是光着身子来到人世的，因此"赤"可引申为光着、空着、裸露，如赤膊、赤脚、赤手空拳；也可比喻纯真、忠诚，如赤诚、赤胆忠心。

含有"赤"的地名，与红色也有关联。如赤城山在浙江天台北，因山上岩石皆赤，满目云蒸霞蔚，如红色城堡形状而得名。另外，还有闻名遐迩的赤壁。赤壁，一处为东坡赤壁，在湖北黄冈赤壁山，因北宋诗人苏轼贬官黄州时，曾写下《前赤壁赋》《后赤壁赋》，而闻名天下。苏轼夜游之赤壁，在赤壁山麓赤鼻矶附近，赤壁、赤鼻矶皆因岩石赭赤而得名。另一处乃三国周郎赤壁，在今湖北赤壁西北，即三国孙权、刘备联军打败曹操军队的地方，得名也是因山壁岩石呈现红赭色。

"赤"与"红"意思相近，但有学者研究发现，"红"在汉代偶尔用于"赤"义，魏晋时期"红"的义域扩大并逐渐与"赤"的义域重合，隋唐时期

▲金·武元直《赤壁图》

“红”与“赤”在表示红色义上才完全同义。明清时期，“红”代替了“赤”，成为上位词（概念上外延更广的主题词）。

红，小篆作红。《说文解字·糸部》曰：“红，帛赤白色。”段玉裁注：“金畏于火，以白入于赤。故南方间色红也。”“红”是形声字，从糸工声，本义是浅红色（赤白混合）的丝织品，后泛指粉红色、桃红色。段玉裁《说文解字注》按照阴阳五行学说解释“红”，金为西方色白，火为南方色赤，火克金为红。

“红”最初表示一种间色，在汉代及汉以前被认为是一种不庄重的颜色。《论语·乡党》曰：“红紫不以为亵服。”意思是红色、紫色布料不拿来做居家的便服。中古时期，“红”表示大红色，如白居易《忆江南》：“日出江花红胜火，春来江水绿如蓝。”杨万里《晓出净慈寺送林子方》：“接天莲叶无穷碧，映日荷花别样红”。诗句中的“红”与“赤”字同义。

因为女子服饰爱用红色，所以“红”字构成的词很多与女子有关，如红颜、红妆、红袖、红裙、红粉佳人、红杏出墙、红袖添香、红颜薄命、红装素裹等。“碧纱待月春调瑟，红袖添香夜读书。”红袖添香是古代文人向往的意境：有年轻美貌的女子在一旁研墨熏香伴读，书生学子夜读氛围自然十分温馨愉快。所谓“红袖”指的红妆美女，“添香”是把香放在香炉里慢慢熏，满室的幽香是何等惬意。比起“头悬梁，锥刺股”的寒窗苦读，简直就是温柔乡里了。

中华民族自古崇尚红色。红色具有吉祥、喜庆、正义、力量的象征意义，因而引申为表示胜利、成功等喜事，如满堂红、红事、红榜；也表示发达、发迹等义，如走红、红人、红运。古时的军队也有用红色布阵的，表现了一种力量。如《国语·吴语》曰：“万人以为方阵……左军亦如之，皆赤裳、赤旟、丹甲、朱羽之矰，望之如火。”历代农民起义军与爱国武装也常用

◀ 红袖添香

“红”系列的颜色字来表达，如红巾军、红灯照、赤眉军、红军。

属于“赤”“红”系列的字，还有丹、朱、彤、绯、紫、赫（火红色）、绛（大红色）、纁（浅红色）等。

丹，甲骨文作，金文作，小篆作。《说文解字·丹部》曰：“丹，巴越之赤石也。”“丹”指巴郡、南越出产的朱砂。“丹”字外形如矿井，中间一点代表朱砂，因此本义指的是朱砂。朱砂是含硫化汞的天然矿石，色彩为红色。它的别称有好几个，如丹砂、辰砂、赤丹、汞砂。在古代，朱砂常被方士用作炼丹的主要原料。把朱砂磨成红色粉末，能做国画颜料，色彩为朱红，所以“丹”后来引申指朱红色。《吕氏春秋·诚廉》云：“丹可磨也，而不可夺赤。”意思是丹砂矿石无论怎么研磨，红色是不可能磨掉的。“丹”比“赤”的颜色要浅一些。

与“丹”有关的成语有丹书铁券、丹徒布衣、万应灵丹、妙手丹青、飞阁流丹、碧血丹心、丹心一寸、金丹换骨、朱丹其毂、史策丹心、丹书白马等。丹书铁券，最初是汉高祖刘邦赏赐给开国功臣的享受特权、加官进爵的凭证，就是用朱砂把皇帝与功臣之间的信诺写在铁券上。隋唐以后发铁券成为常制，但改用“金”来填书，叫“金书铁券”。《水浒传》中小旋风柴进家有宋太祖御赐丹书铁券，并不是凭空捏造。柴家祖宗就是后周皇帝柴荣，当年赵匡胤发动陈桥兵变，夺了柴家的皇位，作为补偿，赐柴家丹书铁券，代代相传。

丹霞地貌，是红色岩层上发育的地貌，是大约6500万年到165万年前的红色砂砾岩层。“丹霞”语出三国魏曹丕《芙蓉池作诗》“丹霞夹明月，华星出云间”诗句。地质学家用“丹霞”一词来形容这种特殊的地貌，可见其美。

朱，甲骨文作[古文字]，金文作[古文字]，小篆作[古文字]。《说文解字·木部》曰：“朱，赤心木，松柏属。”“朱”为指事字，原指红心树，树干中间一点或一横指树心是红色的。后“朱”字引申指大红色，如朱印、朱笔、朱门；也借指红色之物，如“着粉则太白，施朱则太赤”，句中“朱”指红色胭脂。

彤，金文作[古文字]，小篆作[古文字]。《说文解字·丹部》曰：“彤，丹饰也。从丹，从彡。”“彤”是会意字，左为“丹”，右为“彡”，读作shān，是须毛和画饰的花纹。“彤”的本义就是指用红色涂饰器物，引申指赤红色。如两周时期，天子一般将弓、矢等物赏赐战功卓著的将领。《诗经·小雅·彤弓》曰：“彤弓弨兮，受言藏之。”诗句意思是，赤红色的弓放松吧，接受指令藏起它。天子赐给有功的诸侯用红色装饰的彤弓，让他们把弓放入宗庙，来荣耀家族，彰显赫赫战功。

绯，小篆作[古文字]，是形声字，从糸非声。《说文解字》新附曰：“绯，帛赤色也。”“绯”的本义是指红色的丝织品，后来代指大红色。如唐代韩愈《送区弘南归》曰：“佩服上色紫与绯。”《旧唐书·舆服志》记载：唐朝时，文武官员三品以上衣服为紫色，佩金玉带；四品官服为深绯，五品官服为浅绯，并金带。因此绯衣、绯袍指古代朝官的红色品服。绯紫指古代高官穿的红色与紫色的官服。

紫，金文作[古文字]，小篆作[古文字]。“紫”的金文字形为左右结构，“糸”在左

边；小篆字形改为上下结构，“糸”在“此”下面，为形声字。《说文解字·糸部》曰：“紫，帛青赤色。从糸，此声。”“紫”的本义是红和蓝合成的颜色染成的丝织品，引申义为红和蓝合成的颜色。紫色为道教和某些朝代的统治者所崇尚的色彩，因而常在其宫室、服饰、用物前冠之以“紫”，如紫衣，为古代贵官朝服；紫书，指道家的书，也指皇帝诏书；紫府，道教称仙人所居之处；紫诰，帝王诏令；紫台，神仙和帝王所居之处；紫垣，星座名，常借指皇宫；紫阙，帝王宫阙；紫气，祥瑞之气，多附会为帝王、圣贤或宝物出现的先兆；紫禁城为明清两代帝王所居住的宫殿。

黄，甲骨文作，金文作，小篆作。

“黄”的甲骨文字形像一个人胸前佩戴着玉。它的本义就是人佩玉环，后来被借用表示黄色。《说文解字·黄部》曰：“黄，地之色也。”“黄”的金文和小篆是会意兼形声字，从田从炗，炗亦声。“黄”的形旁是田，指的是地的颜色，这个地就是黄土地。如《尚书·禹贡》：“厥土惟黄壤。”蔡沈集传：“黄者，土之正色。”

黄，也是黄帝的简称。如东汉王充《论衡·自然》曰：“贤之纯者，黄老是也。黄者，黄帝也；老者，老子也。”王充认为纯粹的贤者是黄帝与老子。《史记·五帝本纪》载：“黄帝者，少典之子，姓公孙，名曰轩辕。”唐代司马贞《索隐》：“案：有土德之瑞，土色黄，故称黄帝，犹神农火德王而称炎帝然也。”轩辕黄帝是中华民族的始祖，司马迁描写黄帝是：“生而神灵，弱而能言，幼而徇齐，长而敦敏，成而聪明。”黄帝出生时就带有神的灵性，出生不久就能说话，幼年时敏慧，长大后敦厚机敏，成年后非常聪明。《轩辕故里的

▲ 黄帝

传说》讲述公孙少典与妻子附宝住在具茨山下靠近姬水的小山洞里，附宝在山上挖野菜遇到黄帝下凡投胎而怀孕，两年后生下一个大肉疙瘩，落地后就变成一个十几岁的孩子。黄帝是轩辕星下凡，最初是主管雷雨之神，也是天上的主神。《河图稽命徵》记载："附宝见大电光绕北斗权星，照郊野，感而孕，二十五月而生黄帝轩辕于寿丘。龙颜有圣德，劾百神朝。"黄帝有圣明的品德，百神都来朝见他。

黄，还蕴含着深厚的文化色彩。中华民族崇尚黄色，与土地、太阳的崇拜联系在一起。黄道是古人认为太阳绕地运行的轨道。《汉书·天文志》记载："日有中道，月有九行。中道者，黄道，一曰光道。"黄道其实是地球一年绕太阳转一周，人从地球上看是太阳一年在天空移动一圈的轨迹。

汉初刘邦崇尚赤色，认为自己受命于五行中的火运。汉服颜色随季节变化，春天青色、夏天赤色、秋天白色、冬天黑色，百官则多穿皂衣或绛衣。到了汉文帝时鲁人公孙臣上书曰："始秦得水德，今汉受之，推终始传，则汉当土德，土德之应黄龙见。宜改正朔，易服色，色上黄。"公孙臣认为按照五行之说，汉属土德，应修改历法，换服色为黄色。又过了三年，汉文帝开始考虑这个问题，于公元前165年，聘公孙臣为博士，与诸生申明"土德"，起草改历、服色等事。五行之说给黄色以中心地位。到了太初元年（前104），汉武帝命大中大夫公孙卿、壶遂、太史令司马迁造"太初历"，用夏正改历，以正月为岁首，正式受命于天，"随顺黄德"，服饰开始尚黄。《史记·孝武本纪》记载此事："夏，汉改历，以正月为岁首，而色上黄。"因此，从汉武帝开始，中华民族逐渐形成以黄为尊、崇尚黄色的观念。

《汉书·律历志》曰："黄者，中之色，君之服也。"此后黄色作为皇帝服装的主要颜色，表示尊贵的地位，但这只是规定，实际执行并不严格。到了隋朝才真正以黄为贵，隋文帝上朝理政穿柘黄袍。柘黄是传统色彩名，乃赤

◀ 龙袍

黄色，用柘木汁染成。李时珍《本草纲目·柘》曰：“其木染黄赤色，谓之柘黄，天子所服。”唐朝沿袭了隋朝的惯例，天子皇后皆穿赤黄袍。《旧唐书·舆服志》记载：“武德初，因隋旧制，天子宴服，亦名常服，唯以黄袍及衫，后渐用赤黄，遂禁士庶不得以赤黄为衣服杂饰。”唐高祖下令：士庶不得以赤黄为衣服。唐王建《宫词》之一有云：“闲著五门遥北望，柘黄新帕御床高。”公元960年赵匡胤陈桥兵变，黄袍加身，为宋太祖。从此，黄袍成为皇权的象征。到了明代，皇帝常服为黄袍、盘领、窄袖，前后及两肩各织一条金盘龙。《明史·舆服志》把柳黄、明黄、姜黄等黄色列为禁止庶人穿着的颜色。清代皇帝衣服用明黄色，太子用杏黄色，皇子穿金黄色，贵族穿深黄色。从此，与帝王有关的物品多用“黄”字。除了“黄袍”，还有指帝王文告的“黄榜”，帝王仪仗所用的旌旗“黄麾”，帝王专用的车盖“黄屋”，帝王所持的以黄金为饰的兵器“黄钺”。

白，甲骨文作白，金文作白，小篆作白。

古文字学家商承祚《〈说文〉中之古文考》说解“白”字形：“甲骨文、金文、玺文皆……从日锐顶，象日始出地面，光闪耀如尖锐，天色已白，故曰白也。”这是说“白”的字形从日，顶上尖锐，像太阳升出地面的形状，强烈的光芒如针刺般尖锐，天下大白。

《说文解字·白部》曰：“白，西方色也。阴用事，物色白。”“白”的本义是像霜雪一样的颜色。许慎是用阴阳五行学说来解释白的，说西方对应的颜色是白。《尔雅·释水》云：“河出昆仑虚，色白。”这句话说黄河发源于昆仑山脉，源头水色是清澈白色的。昆仑虚就是昆仑山脉，是亚洲中部大山系，西起帕米尔高原，从新疆、西藏到青海，绵延2500千米，被尊为“万山之祖”。古代神话中西王母就是住在昆仑虚的。西王母主管女仙，庇护女性，掌管不死药，是道教正神。

殷商时代的人崇尚白色，《论衡·指瑞》载：“白者，殷之色也。”例如商代用马拉战车，裘锡圭认为殷人最重视的是白马，卜辞中一般不指明马的毛色，唯有“白马”多次出现，还为将出生的马驹是否为白色而占卜。商代的青铜礼器出土时呈现铜绿色，这是几千年的氧化所起的作用，其实新的祭器原色是白色、青白色、灰白色。因为青铜是铜锡合金，可以调整铜与锡的比例，冶炼锻铸时只要多加锡，青铜器就会呈现银白色，加锡越多，就越亮泽，祭祀时如盛上白牲（皮毛白色的祭牲），非常雅洁庄重。卜辞中祭祀用的牲口以白色为常见，如白羊、白牛、白豕、白豭等，白牲主要是用来祭祀殷人祖先神祇的，确实体现了“殷人尚白”的观念。

“白”也是汉民族传统丧服的颜色，用来代指丧事，如白事就是指丧事。因亲人去世是悲伤不幸之事，为了表示对亲人的思念和哀悼，人们不能穿华丽的衣服，只能穿不加修饰的素服。即为往生者守灵的人们须穿白衣、系白色孝带，出殡时要打白幡，扎白纸花圈，亲朋好友要胸系白花以表示哀悼。

古代衣服的颜色是可以分出身份尊卑贵贱的，因此有地位和权势的人从来都不用白色的布料做衣服，更不会穿白衣来彰显尊贵身份。“白衣”多是平民百姓衣服的颜色，后来随着语言的约定俗成将“白衣”代指平民百姓，也指没有功名或没有官职的人。平民或寒士所住的茅屋被称为“白屋”。“白丁”指没有功名的人或平民，也指不学无术或没有文化的人、文盲。“白士”指清贫的读书人。

白与黑相对，阴阳八卦图中黑白两色呈现鲜明的对比状态。《荀子·荣辱》曰：“目辨白黑美恶。”“白”表示纯洁、明白，如白璧无瑕、洁白如玉、白圭无玷、一清二白、知白守黑等。

▲ 八卦图

以“白”做形旁的字有皓、皎、皙、皑、皤、皞、皦、皇等，都有明亮、洁白之义。如皓月，就是明亮的月亮。皎洁，就是明亮洁白的意思。皙，指人的肤色白。皑，形容霜、雪洁白。皤，一般指老人头发白。皞，洁白明亮的样子。皦，形容玉石洁白，引申为明亮之义。皇，本义是灯火辉煌，光亮。金文作，字形像一盏油灯，下部为灯座，中间是灯盘，盘上三竖画为灯光。引申为“大”。如《诗经·大雅·皇矣》曰：“皇矣上帝，临下有赫。”诗句说：光辉伟大的上帝，监察人间真严明。“皇”后来也指皇帝。它的本义后写作“煌”。

“白”系列的颜色字还有素、练、纨、缟等。

素，金文作，小篆作。“素”金文字形上面是“垂”，下面中间是“糸”，两边是“手”，表示双手执丝织品；“素”小篆字形省去了双手。《说文解字·素部》曰：“素，白致缯也。”段玉裁注：“缯之白而细者也。”本义是指白而细的缯，缯是古代对丝织品的统称。“素”是丝织品中白而细的一类，光润易下垂，所以金文、小篆都是依据这个特点来造字的。素，实际是没有染过色的丝帛，引申为白色。如《礼记·曲礼下》：“大夫、士去国，逾竟，为坛位，乡国而哭，素衣、素裳、素冠。”孔颖达疏：“素衣、素裳、素冠者，今既离君，故其衣、裳、冠皆素，为凶饰也。”白衣、白裳、白帽，为周代大夫、士不得已离开自己国家的装束，以表示对国家与国君的忠诚。又如素纸（白纸）、素练（白色熟绢）、素秋（指秋天，阴阳五行家以金配秋，金之气白，故称素秋）、素车（以白土涂刷、白色的麻和缯为饰的车，是古代帝王居丧时所乘的车子)。“素”也引申为质朴、本色之义，如素质、素性、素颜、素友（真诚淳朴的朋友）。

练，本义指把生丝煮熟，使其柔软洁白，后指白绢。如江平如练，指江水很平静，看上去白茫茫的一片。“练”又可引申为白色，如《淮南子·说林》：“墨子见练丝而泣之，为其可以黄，可以黑。”墨子看到洁白的丝线便落泪，兴发伤感，因为那丝线可以染成黄色也可以染成黑色。比喻人变好变坏，环境的影响关系很大。

纨，本义就是洁白光亮的丝织品。古代富家子弟多穿洁白光亮的绸裤，后来“纨绔”就代指富家子弟。

缟，本义为细白的生绢。引申为白色，如缟素、缟衣，指白色的衣服，为丧服。

黑，甲骨文作，金文作，小篆作。

《说文解字·黑部》曰：“黑，火所熏之色也。从炎，上出囪。”“黑”是个会意字，小篆字形的上部，许慎认为是古囱字。囱古代开在屋顶上，空气与光线可以进来，屋子里的烟可以排出去，上部字形里面的点，表示烟尘。“黑”小篆字形的下部是“炎”，表示火烟。“黑”就是烟火所熏之色，本义为黑色。

秦始皇嬴政以黑色为贵，因此他就喜穿黑色袍服。以“黑”作形旁的字，多数与黑色有关，如墨、黟（黑）、黓（黑色）、黔（黑色）、黝（淡黑色）、黯（深黑）、黢（黑）、黦（黄黑色）、黤（深黑色）、黨（黑中带黄的颜色）。从中可以看出即便是黑色，也有多种多样的黑。

▲ 秦始皇

据五色、五方之说，黑色是北方之色。《史记·

天官书》载：“黑帝行德，天关为之动。”张守节注解：“黑帝，北方叶光纪之帝也。”黑帝就是主北方之神。

黑与白相对，是暗色，引申为黑暗、谬误、邪恶之义，如黑白分明、漆黑一团、混淆黑白、颠倒黑白、以白为黑、天下乌鸦一般黑。说与邪恶或凶恶相关的事物，会讲心黑、黑心肠、黑帮、手黑、黑爪牙、黑钱、黑道、黑社会等。

“黑”系表颜色的字还有玄、黔、缁、黎、黛、皂、墨、乌、幽、漆、涅等。

玄，金文作，小篆作。它的金文字形像幺，为“丝”的或体。多数学者认为玄、幺是同一个字，古文字体无区别。《说文解字·玄部》曰：“玄，幽远也。黑而有赤色者为玄，象幽而入覆之也。”“玄”的本义为赤黑色，也泛指黑色。“玄色”一词最早出现在郑玄《周礼》注：“凡玄色者，在緅缁之间，其六入者与？”染布时，丝帛五入染缸为緅色，七入染缸为缁色。玄色是丝帛六次入染缸染出来的颜色。

玄夜，指黑夜。如汉代建安七子刘桢《公宴》有诗句云：“永日行游戏，欢乐犹未央。遗思在玄夜，相与复翱翔。”玄武，道教所尊奉的北方太阴之神，龟蛇合体的神兽。中国神话把青龙、白虎、朱雀、玄武称为四象，指四方之神灵，青龙代表东方、白虎代表西方、朱雀代表南方、玄武代表北方。战国时期行军布阵为“前朱雀，后玄武，左青龙，右白虎”。玄武后来成为道教的真武

▲青龙、玄武、白虎、朱雀

大帝，镇守北方。南京的玄武湖，古称秣陵湖、北湖、练湖等，六朝时期是帝王游乐之地，传说因宋元嘉二十三年（446）湖中出现黑龙，更名为玄武湖。

黔，从黑今声，本义为黑色。《说文解字·黑部》曰："黔，黎也。从黑，今声。秦谓民为黔首，谓黑色也。周谓之黎民。"黎，通黧，黑色之义。黔首一词最初出现在战国时期的秦地，是一种地域性的称呼，用来称呼社会地位较低的一个阶层，到秦代推行到全国，变成百姓通称。《史记·秦始皇本纪》载："二十六年……更名民曰黔首。"因为秦属水德，五行家将"水"与黑色对应，衣服、旄节、旌旗皆尚黑。百姓以黑色头巾包头，因此叫"黔首"。成语"布衣黔首"即一般百姓的意思。除此，黎民也是指百姓，周朝时便有这个称呼了。

缁，《说文解字·糸部》曰："缁，帛黑色也。""缁"本义指黑色的丝织品，引申指黑色。缁是七入染缸染出的颜色，也就是东汉经学家郑玄所说"自玄入黑汁则为缁"，"七入为缁"，缁是玄色之尤深也。《诗经·郑风·缁衣》曰："缁衣之宜兮，敝予又改为兮。"意思是看我夫君穿上黑色朝服多么得体，破旧了我再给他做一件新衣。缁衣就是黑色的衣服，是卿大夫穿的官服。佛教传入中国之后，僧尼服为黑色，"缁"字构成的词语如"缁衣""缁素""缁服"都与佛教有关。缁素一词中"缁"指僧，"素"指俗，僧衣为黑，俗衣为白，指僧俗二众。披缁削发，指的是剃度时剃去头发，披上僧衣，出家为僧尼。

黛，本义是青黑色的颜料，古代女子用以画眉。如白居易《上阳白发人》曰："小头鞋履窄衣裳，青黛点眉眉细长。外人不见见应笑，天宝末年时世妆。"唐天宝末年流行画又细又长的青黛眉。故"黛"引申为女子眉毛的代称。如南朝梁元帝《代旧姬有怨》曰："怨黛舒还敛，啼红拭复垂。""黛"后来泛指青黑色。唐王维有诗云：“千里横黛色，数峰出云间。”青黑色的山峦绵延数千里，一座座山峰直插入云天，何其壮美！

皂，我们平时常用的肥皂是洗涤用的去污品，为大家所熟知，而“皂”的本义其实是栎树的果实，其壳煮汁可以染黑。引申指黑色。皂与白相对，皂白常用来比喻是非，如成语“青红皂白”，青红皂白指各种颜色，后比喻事情的是非曲直。

▲清·黄山寿《晓妆图》

人所以有姓者何？所以崇恩爱，厚亲亲，远禽兽，别婚姻也。

——汉·班固《白虎通义·姓名》

汉字与姓名

姓名包括人的姓氏与名字。姓氏表示一个人出生家族的符号。上古“姓”和“氏”有分别。“姓”起源于母系社会，“氏”起源于父系社会。名字指人的名和字。古人不仅有名，而且有字。汉字与姓名关系密切。

最古老的“姓”有22个，一半以上带有“女”字旁，如炎帝姓姜、黄帝姓姬、虞舜姓姚、少昊姓嬴、夏禹姓姒。这恰恰是母系氏族遗制的体现。

姓，甲骨文作[古文字]，金文作[古文字]，小篆作[古文字]。

“姓”的甲骨文从女从生，小篆亦是，只是字形线条更圆润修长。“姓”的金文从人从生，属于意符更换。《说文解字·女部》曰：“姓，人所生也。古之神圣母，感天而生子，故称天子。从女从生，生亦声。《春秋传》曰：‘天子因生以赐姓。’”意思是，“姓”指人所出生的那个族系。古代神圣的母亲受天神感应而怀孕生子，因而称作天子。《春秋传》说：“天子依照诸侯贵族的出生背景赐姓。”“姓”的本义是表明家族系统的符号，由“女”和“生”构成，是个会意兼形声字。

“姓”的产生与母系社会有关，那时人们知母不知父。《吕氏春秋·恃君览》有言：“昔太古尝无君矣，其民聚生群处，知母不知父。”说的是远古曾

经有过母系氏族社会，那时候没有国君，但女性处于主导地位，实行群婚制，孩子随母亲生活，却不知父亲是谁，所以上古传说中圣人的出生常常是其母感神迹而生的。班固《白虎通义》记载：“古之时，未有三纲六纪，民人但知其母，不知其父。”说的也是母系氏族社会的情况。

中国最古老的姓，如姚、姬、姜、姒、妘、姞、妲、嬴、婢、妃、好等，大部分以“女”为形旁。西周青铜器铭文所见的姓，可以明确考定的不到30个，而这些西周古姓几乎都以“女”为形旁。有学者认为“姓”最初是从母亲那继承的，并且按照母系世代传递，是母系血缘世系关系的标志。中国上古八大姓，分别是姬、姜、姚、嬴、姒、妫、妘、妊，都是母系社会世系的表征。

姬，从女臣声。《说文解字・女部》曰：“姬，黄帝居姬水，以为姓。”黄帝因居住在姬水边，就以姬为姓。姬姓是黄帝之姓，也是周朝统治者以及鲁国、燕国、卫国、晋国、郑国、吴国等诸侯国的国姓。如周朝的贵族是黄帝的后代，所以周文王叫姬昌，周武王叫姬发。至今为止，中国的姓氏总共有一万多个，其中大部分是姬姓子孙历代繁衍而产生的姓氏。由姬姓直接分封产生的周、吴、郑、王、鲁、曹、魏等姓所占人口就可以数亿计算。而《百家姓》504姓中，有400多个姓由姬姓衍生，占比超过80%。“姬”引申义是女子的美称。《诗经・陈风・东门之池》曰：“彼美淑姬，可与晤歌。”意思是那美丽而贤淑的姬家姑娘，可以与她对歌。孔颖达疏：“美女而谓之姬者，以黄帝姓姬，炎帝姓姜，二姓之后，子孙昌

▲黄帝

▲ 炎帝

盛，其家之女，美者尤多，遂以姬姜为妇人之美称。”

姜，上古炎帝神农氏居住在姜水边，以水名为姓。《说文解字·女部》曰：“姜，神农居姜水，以为姓。从女，羊声。”《帝王世纪》载：“炎帝神农氏，姜姓，母女登游华阳，感神而生炎帝，长于姜水，是其地也。”姜水在哪里呢？郦道元《水经注·渭水》说在陕西岐山与扶风交界处，姜水就是岐水。《国语·晋语》曰：“黄帝以姬水成，炎帝以姜水成。”炎黄二帝皆以水名为姓。虞夏时炎帝裔孙伯夷因为辅助大禹治水，被封于吕地，建立吕国，赐以祖姓——姜。炎帝后裔吕尚，因本姓姜，又叫姜尚，字子牙。周初，姜尚分封于齐国，他的后代或者以姓为氏，为姜氏；或者以国为氏，为齐氏。这个姜尚就是民间传说中的姜太公。有歇后语说：姜太公钓鱼——愿者上钩。讲的是商朝末年，姜太公隐居山野，有一日垂钓于渭水支流磻溪边。周文王打猎时，看见姜太公钓鱼却用没有鱼饵的直钩，离水三尺，还念叨愿者上钩，觉得很奇怪，就与他攀谈，发现他学识韬略非凡，便拜为国师，后来任国相。姜太公辅佐周文王掌控了天下三分之二的江山，为推翻商王朝作出很大贡献。陆游《杂感十首》有言：“吕钓渭水滨，说筑傅岩野。”姜姓从夏商以来，分成许、申、齐、甫四姓。姜姓后人在中国分布广泛，山东省最多。清代学者张澍《姓氏寻源》共收3200多个姓，属于姜姓世系的分支姓氏共有140多个，其中单姓就有100个，如章、高、吕、卢、许、丁、崔、丘、邱、易等。

姚，形声字，从女兆声。《说文解字·女部》曰：“姚，虞舜居姚虚，因以为姓。”虚，古同墟，大山丘。《帝王世纪》载：“舜母名握登，生舜于姚

▲ 清·王素《虞舜孝行感天》

墟，因姓姚氏也。”姚姓出自五帝之一的虞舜，因他生于姚墟，所以他的后裔子孙便以他的出生地为姓。先秦时期，姚姓主要的活动地区在河南、山东地区。秦汉两晋时，姚姓正支迁吴兴郡，其余迁到北方各地、东南各省，西北羌族姚姓的兴起并进入中原，大大扩增了姚姓人群的数量。

嬴，《说文解字·女部》曰：“嬴，少昊氏之姓。”嬴姓始祖乃上古东方少昊氏，这个姓来源于舜赐姓。《史记》记载颛顼高阳之玄孙伯益，帮助舜调驯鸟兽有功，舜赐姓嬴氏，奉玄鸟为部族图腾。嬴姓最出名的便是战国末年完成华夏统一的秦始皇，姓嬴名政。他建立了中国历史上第一个中央集权的封建国家，认为自己的功劳与德行胜过之前的三皇五帝，故取三皇之“皇”和五帝之“帝”，自称“始皇帝”，是中国历史上第一个使用“皇帝”称号的封建君主。

▲ 少昊

姒，在中国众多的姓中，姒姓可以说是一个小姓。不过据史料考证，姒姓有着4000多年的历史。《史记·夏本纪》曰：“禹为姒姓。”姒是大禹的姓。姒姓由来有两种说法，一是神话传说，说大禹的母亲女嬉（又名修己、女志），因吞吃薏苡而生了大禹。如《礼纬》

▲ 大禹

载："禹母修已，吞薏苡而生禹，因姓姒氏。"《论衡》有言："禹母吞薏而生禹，故夏姓曰姒。"用出生缘起来解释大禹姒姓的由来。另一说法，姒姓来自皇天赐姓，唐虞时代大禹治水有功，"皇天嘉之，祚以天下，赐姓曰姒，氏曰有夏"。

妫，《说文解字·女部》曰："妫，虞舜居妫汭，因以为氏。"妫是水名，在今山西省永济市。汭是水北的意思。郑樵《通志·氏族略》载："虞有二姓，曰姚曰妫。因姚墟之生而姓姚，因妫水之居而姓妫。"妫姓，中国古姓之一，与姚姓同源，出自五帝之一的虞舜。当舜还是个平民的时候，就有德有望，部落首领尧十分欣赏他的才干，于是把两个女儿娥皇、女英嫁给了他，并让他居住于妫水之北。舜以居住地的水名为姓，之后舜帝的部分后代也以妫为姓。

妘，《说文解字·女部》曰："妘，祝融之后姓也。"妘是中国最古老的姓之一，是颛顼帝之孙祝融氏后代的姓。祝融，名黎，为帝喾时的火正（掌火之官），后人尊为火神，因有功，能光融天下，帝喾便命名他为祝融。祝融的后裔分为八姓，即己、董、彭、秃、妘、曹、斟、芈，史书称为"祝融八姓"。

妊，甲骨文、金文都以女为形旁，先秦以后经传多写作"任"。据《国语·晋语》载："凡黄帝之子，二十五宗，其得姓者十四人，为十二姓。姬、酉、祁、己、滕、箴、任、荀、僖、姞、儇、依是也。"妊姓属黄帝的直系分支姓氏，至少有4000多年的历史。

进入父系氏族社会后，姓与分封制及宗族制度有关。《左传·隐公八年》曰："天子建德，因生以赐姓，胙之土而命之氏。诸侯以字为谥，因以为族。官有世功，则有官族，邑亦如之。"从这段记载可以看到，当时赐姓命氏都由天子决定。周王姬姓，为始祖之姓。周天子的儿子分封诸侯，以国为氏，如晋定公叫晋午，"晋"是其氏，"午"是其名。朝臣则以封邑名为氏或以官名为氏。古代的姓氏与婚姻制度密切相关，为了保持血统纯正，延续统治，姓是属于大宗族的，世代不变，只要能维持，就一直传下去，直到这个姓的成员全都死亡为止；氏属于小宗族，五世而迁。

▲ 清·汪绂《火神祝融画像》

袁义达《中国姓氏：群体遗传和人口分布》指出："几千年以来，中国人一般是以父传子的方式代代相传其姓，子和女均继承父亲的姓，女子在一生中仅保留其父系的姓，不传递给下一代……因此，绝大多数的姓氏属于一种无性别之分、以父系方式传递的'基因'，相当于人类性染色体遗传的特殊基因。"

氏，甲骨文作，金文作，小篆作。

"氏"甲骨文、金文字形像物体摇摇欲坠时被撑住的样子，是个象形字。《说文解字·氏部》解说巴蜀方言中"氏"指江边将要崩落的危岸或崖侧土山欲坠落的部分，这是它的本义。"氏"的字形表明欲坠落的部分与原来附着的山是部分与整体的关系，是从整体分出来的一部分，引申为古代贵族标志宗族系统的称号。氏是姓所派生的分支，氏与姓的关系也是部分与整体的关系。秦汉之前，姓与氏不同，姓为大宗，氏为小宗，氏自姓出。氏是姓的支系，用于区别子孙的派系。换言之，姓是同一祖宗相同血缘关系的族群的标识符号，氏是族群分支的标识符号。也就是说，氏是以男性为中心的父系社会的产物，是西周宗法制度、分封制确立的标志。

周民族是由姬、姜两姓联合而成的，周天子姬姓，本族人被称为同姓。古文字学家李学勤认为取得姓氏要通过君主赏赐的手续，姓世代不变，氏往往改变。姓的数量是有限的，氏的数量要比姓多很多倍。

我国姓氏制度很早就建立了，周代已经有官员专门管理姓氏。《周礼》记载小史负责“奠系世”。《国语·晋语》韦昭注云：“太史掌氏姓。”战国晚期《世本》一书就是上古史官记录的黄帝以来一直到春秋时期帝王、诸侯、大夫的谱系，是我国现存最早的记载姓氏的书，内容有帝系、传谱、氏姓篇等。先秦贵族用氏来区别同姓各个支系，区别贵贱等级。所以男子常称氏，而不是称姓。

氏也指氏族，原始社会由血缘关系组成的人的族群，生产资料公有，集体生产与共同消费。同一姓的族群可以有多个分支，相应分出多个氏，如姒姓，有夏后氏、有男氏、彤城氏、褒氏、费氏、杞氏、辛氏、冥氏等。

氏的来源有多种。东汉应劭的《风俗通义·姓氏》将姓氏来源归纳为九种：

> 或氏于号，或氏于谥，或氏于爵，或氏于国，或氏于官，或氏于字，或氏于居，或氏于事，或氏于职。以号，唐、虞、夏、殷也；以谥，戴、武、宣、穆也；以爵，王、公、侯、伯也；以国，曹、鲁、宋、卫也；以官，司马、司徒、司寇、司空、司城也；以字，伯、仲、叔、季也；以居，城、郭、园、池也；以事，巫、卜、陶、匠也；以职，三乌、五鹿、青牛、白马也。

氏的来源比较复杂，一个氏，也有不同的来源，如“伯”，有来源于以爵为氏的，也有来源于以字为氏的，有的氏甚至有更多的来源。南宋史学家郑樵《通志·氏族略》将氏分成33类，考察来源，区分类别。

篇幅所限，只能略说主要的命氏方式：

一、以国为氏。如“徐”，徐也是古代九夷之一，生活在淮河中下游地区。徐作为氏，始祖为徐若木，他的父亲就是伯益，嬴姓，曾帮助大禹治水有功，所以受封徐城，建立徐国，以国为氏。唐代林宝《元和姓纂》载：“徐氏，颛顼之后，嬴姓。伯益之子，夏时受封于徐，至偃王为楚所灭，以国为氏。”其故国在今安徽省泗县北。春秋时徐偃王造反，周穆王联合楚国，灭了徐国，不久又封徐偃王的儿子宗为徐子，后被吴国所灭。徐氏后人中有秦朝著名方士徐市，又名徐福，经历富有传奇色彩。他上书秦始皇说海外有三神山，名叫蓬莱、方丈、瀛洲，是仙人住的地方。秦始皇同意他于公元前219年率领三千童男童女出海寻找仙人，求不死药。但他出海数年，一无所获而归。之后于公元前210年再次出海，一去不返。据《日本国史略》记载：“孝灵天皇七十二年，秦人徐福来。”徐福到达日本，还是没有找到长生不老的仙药，他怕秦始皇怪罪，就在日本定居，没再返回中国。周初分封的诸侯国，其子孙以国为氏的很多。秦、燕、楚、郑、吴、齐、鲁、晋、宋、陈、曹、卫、萧、焦等来源于以国为氏。

二、以官为氏。如“史”，甲骨文作，金文作，小篆作。《说文解字·史部》曰：“史，记事者也。从又持中；中，正也。”这是一个会意字，字形下面是手（又），上面是个中字，本义是史官。又有一说，上面是放简策的容器，合起来表示掌管记载史事。《礼记·玉藻》曰：“动则左史书之，言则右史书之。”此与《汉书·艺文志》“左史记言，右史记事”说法不一，但“史”是古代文官，殷商时期包括在王身边负责卜筮、观天象的官员，后来指记事的人，职务各别，如周官中有大史、小史、外史、御史、女史等。史氏，唐代林宝《元和姓纂》记载：“周太史佚之后，以官为氏。”太史史佚的子孙，以祖上的官名为氏。史佚出任太史是在西周初年，他公正客观地记载历史事实，是历史上有名的史官，子孙后代皆以史为氏。又如理氏始祖为皋陶，尧时任职大理，掌管司法，子孙世袭他的官职，以理为氏，殷商末年改李氏。王、公、侯、司马、司空等也是以官或爵位为氏。

三、以邑为氏。此与宗法制度有关，周代天子把国土分封给诸侯国，诸侯又把封国的土地分给公卿大夫与功臣，这种封邑称作采邑或食邑。如“祁”，《说文解字·邑部》曰：“祁，太原县。从邑，示声。”祁邑是晋献侯四世孙奚的封邑，今山西太原祁县东南七里有故祁城。祁氏源于姬姓，祁奚为晋国大夫时受封食邑于祁，为祁氏之祖。《左传》记载了祁奚举贤的故事。

四、以地为氏。如“陆”，《说文解字·阜部》曰：“陆，高平地。”本义为高而平的地。陆氏，据林宝《元和姓纂》载：“齐宣王田氏之后。宣王封少子通于平原陆乡，因氏焉。”说的是齐宣王田辟疆，封他的小儿子田通于平原陆乡，田通的后代便以陆为氏，被称作“田姓陆氏”。陆氏后人有陆贾、陆逊、陆机、陆羽、陆游等。陆羽是唐代著名茶学家，他写的《茶经》是世界

▲ 元·赵原《陆羽烹茶图》

上第一部茶叶专著，总结了历代茶叶生产与制作的经验，阐述了他的茶学、茶艺、茶道思想，他被后人奉为“茶圣”。以所居之地为氏的还有傅、桥、池、东郭、北门、南宫等氏。

五、以字为氏。祖父、父亲的字，子孙可以用来做自己的氏。如孔父嘉，春秋时代宋闵公五世孙，姓子，名嘉，字孔父，是孔子的六世祖。孔父嘉的儿子名木金父，以父亲的字为氏，即孔氏。郑国的公子腓，字子驷，他的孙子以驷为氏，名驷带、驷气。

六、以排行为氏。孟、仲、叔、季是兄弟排行的顺序。其子孙以先辈排行为氏。孟，出于子姓，是商王朝时期的齿序。《礼纬》曰：“嫡长曰伯，庶长曰孟。”伯指正妻所生第一子，孟指庶妻或妾妃所生第一子。孟氏名人有孟轲、孟浩然、孟郊等。

七、以谥为氏。谥，本义是古代帝王或诸侯死后根据他生前行迹所定的带有褒贬意义的称号。如楚庄王去世后谥号为庄，子孙为庄氏。又如穆氏，出自子姓，始祖为春秋宋宣王弟弟子和。子和在哥哥去世后做了九年皇帝，后又将王位传给宋宣王的儿子与夷。子和的谥号是“穆”，这是一个意义很好的谥号，布德执义、中情见貌、贤德信修、德政应和等都可以称穆，称颂逝者的贤良温和。子和的子孙中有穆氏。

八、以技艺为氏。如巫、卜、甄、陶等氏。《说文解字·巫部》曰：“巫，祝也。女能事无形，以舞降神者也。象人两褎舞形。”“褎”古同袖。“巫”最早是挥袖起舞替人与神鬼沟通的人。他们的子孙以父祖辈从事的职业“巫”为氏，如黄帝时期的巫彭、殷商时期的巫咸。

战国后期各诸侯国灭亡，贵族阶层失去原来的尊贵地位，“氏”渐渐失去用来区别贵贱的功能。这时，姓氏合流的趋势形成，老百姓也开始拥有姓氏。正如《通志·氏族略》记载：“秦灭六国，子孙皆为民庶，或以国为氏，或以姓为氏，或以氏为氏，姓氏之失自此始。”中国人的姓氏究竟有多少呢？至今为止没有准确的数字。唐代林宝《元和姓纂》记载1233个姓，宋代邵思《姓解》记载2568个姓。收录姓氏最多的著作是袁义达20世纪90年代所著的《中华姓氏大辞典》，共记载姓氏11969个。

名，甲骨文作，金文作，小篆作。

古人有姓氏，也有名字，名是人的称谓，是一个人区别于他人的符号。《说文解字·口部》曰：“名，自命也。从口，从夕。夕者，冥也，冥不相见，故以口自名。”“名”是会意字，指傍晚天昏暗时，彼此相遇看不清楚，所以人自报其名。它的本义是名字，如《庄子·逍遥游》：“北冥有鱼，其名曰鲲。”引申为命名，如《乐府诗集》：“秦氏有好女，自名为罗敷。”也引申为名称，如《论语·阳货》：“多识于鸟兽草木之名。”

古人对命名很重视。《左传·桓公八年》记载：“公问名于申繻。对曰：‘名有五，有信、有义、有象、有假、有类。’”先秦贵族起名遵循这五个原则。第一种是以出生时的特征命名，称为信。如传说唐叔虞出生时，手掌中有字形像“虞”，于是给他取名“虞”。鲁季友出生时，其手掌有字形像“友”字，所以给他取名“友”。当然这都是特别的例子，出生命名其实有多种缘起，比如以生日给儿子取名，或者以律定名等。第二种是以德行来命名，称为义。比如以祥瑞之字命名，如周文王名昌，周武王名发。第三种是以类似的事物命名，称为象。比如孔子名丘，据说孔子的头顶凹陷，形状像尼丘山。第四种是假借万物之名来给孩子命名，称为假。如宋昭公名杵臼，孔子给自己儿子取名孔鲤。第五种是取与父亲有关的字来命名，称为类。如鲁庄公与父亲鲁桓公生于同一日，所以取名为“同”。

申繻还说了命名的禁忌：“不以国，不以官，不以山川，不以隐疾，不以畜牲，不以器币。”指不以本国国名、官名、山川名给孩子取名，也不用疾病

名、畜牲和器币取名。器币指礼器和币，礼器如俎、豆、罍、彝、钟、磬；币为古人相互馈赠的礼物，如圭、璋、璧、琮、琥、璜等。

字，金文作，小篆作。

《说文解字·子部》曰：“字，乳也。从子在宀下，子亦声。”“字”是个会意兼形声字，子兼表声。本义为在室内生孩子。“字”的引申义为表字，指表述名所用之字，相当于古人的别名。字与名有意义上的联系。古人自称用名，表示谦虚；称人用字，表示尊敬。

“字”是古人成年的标识。古代贵族取名，有名有字。《仪礼·丧服传》曰：“子生三月，则父名之。”婴儿出生三个月后，父亲替他（她）取名字。《礼记·曲礼上》曰：“男子二十，冠而字。父前子名，君前臣名。女子许嫁，笄而字。”说的是古代男子二十岁成年行冠礼时取字，女子十五岁及笄之年取字。《仪礼·士冠礼》曰：“冠而字之，敬其名也。”古人之名只有长者或尊者能直呼，如父亲可以直呼儿子的名，君主可以直呼臣子的名。古人取字，是因成年后对人直呼其名是很不礼貌的，取字供平辈、晚辈、外人称呼。在古代，名与字区别明显。

古人名与字之间有语义关联，一般是依名取字，字是名的阐释、补充与生发。如孔子，名丘，字仲尼，孔子因生于尼丘山，他是次子为仲，所以字为“仲尼”。如孔子的门生子贡，姓端木，名赐，字子贡。《尔雅·释诂》：“贡，赐也。”名赐，字子贡，意义关联相对，都是给予的意思，贡是下给予上，赐是上给予下。孔子的另一门生宰予，字子我。予、我都是第一人称代词，名与字是同义关系。晋代的王舒，字处明。用的是《离骚》“前望舒使先驱兮，后飞廉使奔属”之意。王逸注：“望舒，月御也。月体光明，以喻臣清白也。”“望舒”是古代神话中为月亮驾车的神，也可借指月亮。王舒，字处明，处于光明清白的意思，与他的名“舒”相联系补充。南宋抗金名将岳

▲ 宋·刘松年《中兴四将图》(岳飞为左起第二人)

飞，字鹏举，即大鹏鸟展翅向上之义，名与字意义契合。

一个好名字有时会带来意想不到的好运。传说明洪武十八年（1385），明太祖朱元璋夜来梦见状元姓丁，于是就把本来第一名的花纶换成丁显。清乾隆五十四年（1789）殿试，时年79岁的乾隆皇帝调来前十名的考卷审阅，翻到其中一名叫胡长龄考生的卷子，龙颜大悦，因长龄乃意为添寿的吉祥名字，于是大笔一挥，将胡长龄定为状元。反之，含义不佳的名字会带来霉运。如明永乐二十二年（1424）甲辰殿试第一名孙曰恭，本来拟录取为状元，明成祖认为“曰恭”二字合起来就是“暴”，不吉利，于是将他降为探花，将邢宽升为状元，因为后者的名字可以解释为“刑政宽和”。明嘉靖二十三年（1544）原定的状元是吴情，嘉靖皇帝认为吴情的谐音为“无情”，就没选他做状元。

古人姓名称谓的构成，除了“姓”“名”“字”外，还有“号”。《周礼·春官·大祝》曰：“号为尊其名更美称焉。”“名”“字”是由尊长代取，而“号”则不同，号初为自取，称自号；后来，才有别人送上的称号，称尊号、雅号等。“号”虽起源较早，但直到唐宋时期才盛行起来。“号”并不是每个人都有的，一般是文人雅士才有号，且是为了表达自己的思想、志趣、抱负、心境等而取的，含有某种寓意。有的以居住地环境自号。如李白自幼生活在四川青莲乡，故自号青莲居士；白居易晚年长期居住在洛阳香山，故号香山居士。有的以旨趣抱负自号。如欧阳修晚年，因家有“一万卷书，一千卷古金石文，一张琴，一局棋，一壶酒”，加上自己“一老翁”，而自号“六一居士”。有些人还以生辰年龄、文学意境、形貌特征、自身处境，甚至惊人之语自号。如宋代女词人李清照，为了表达自己在战乱生活下寻求安定生活的心愿，自号易安居士；元代书画家赵孟頫是甲寅年生，因而自号甲寅人；清代文学家朱彝尊自号有金风亭长、小长芦钓鱼师。

回顾中国姓名文化史，可谓浩瀚无垠、颇为壮观。每一个姓名背后，都有年深月久的历史和极其丰富的故事。中国姓名文化，不仅直接体现了中华文化源远流长、博大精深的特点，而且也形象地记载了中华各民族交流融合、生成生长的历程。

观鸟兽之文与地之宜，近取诸身，远取诸物。
——汉·许慎《说文解字·叙》

汉字与动物有密切关系，上古之人依靠渔猎生活，与各种动物的接触比如今居住在城市里的人要多得多。古人对动物形态、习性观察非常细致。《说文解字·叙》云：“观鸟兽之文与地之宜，近取诸身，远取诸物。”表示动物的汉字，都是来自古代社会生产与生活的启示。

十二生肖，是华夏先民对人类生命纪年的一种极富神奇色彩的解答，是中华民族特有的民俗文化。它最初可能来源于原始的图腾崇拜，把某种动物当作氏族的标志，认为这种动物与自己有血缘上的联系，能给予自己力量并保护自己。最早完整记录十二生肖且与今相同的文献是东汉王充的《论衡》。《论衡·物势》载：

> 寅木也，其禽虎也。戌土也，其禽犬也。丑、未亦土也，丑禽牛，未禽羊也。木胜土，故犬与牛羊为虎所服也。亥水也，其禽豕也。巳火也，其禽蛇也。子亦水也，其禽鼠也。午亦火也，其禽马也……午马也，子鼠也，酉鸡也，卯兔也。水胜火，鼠何不逐马？金胜木，鸡何不啄兔？亥豕也，未羊也，丑牛也。土胜水，牛羊何不杀豕？巳蛇也，申猴也。火胜金，蛇何不食猕猴？

以上所言只有十一种生肖，唯独缺了龙，但在该书《言毒》中又说：“辰为龙，巳为蛇，辰、巳之位在东南。”这样十二生肖就介绍齐全了，而且十二地支与十二生肖配属与今天完全一样。

十二生肖顺序为鼠、牛、虎、兔、龙、蛇、马、羊、猴、鸡、狗、猪。为什么要用十二这个数字呢?《左传·哀公七年》：“周之王也，制礼，上物不过十二，以为天之大数也。”周代制定礼制，最上等的数字就是十二，因为这是“天之大数”。周代礼制以十二为大数，与天文的观察有关，十二次月缺月圆就是一年，所以一年有十二个月。十二生肖也正好符合这个数字。

十二地支与十二种动物的相配，则主要是从阴阳五行观念而来的。子、寅、辰、午、申、戌属于阳，相配的是脚爪为奇数的动物。鼠、虎、龙、猴、狗的脚有五个脚趾，马脚不分趾，是单蹄，就与属于阳的地支相配。丑、卯、巳、未、酉、亥属于阴，就与脚爪为偶数的动物配。牛、兔、羊、鸡、猪都是四个脚趾，蛇没有脚，但它的舌头分两个叉，就与属于阴的地支配。所以十二生肖依次与十二地支相配为：子鼠、丑牛、寅虎、卯兔、辰龙、巳蛇、午马、未羊、申猴、酉鸡、戌狗、亥猪。自从有了十二生肖，中国人每逢自己属相十二倍数的年份就是本命年。十二生肖与一天十二个时辰依次相配，于是时辰也有了生肖赋予的别称。

汉字与十二生肖关系密切，而十二生肖文化的核心，体现了阴阳五行观念，阴阳五行被中国古代的人们看作是宇宙之根本，无穷变化皆出其中，对中华民族的文化影响深远。

鼠，甲骨文作，金文作，小篆作。

“鼠”是个象形字，甲骨文“鼠”字像老鼠侧面的形象，上部像头，凸显了它的牙齿；下部像身体，有脚爪和尾巴。“鼠”字发展演变，到了秦代小篆字形，像蹲踞着的老鼠，其下部似足，还拖着长长的尾巴。《说文解字・鼠部》曰："鼠，穴虫之总名也。象形。凡鼠之属皆从鼠。"许慎所处的东汉时代，鼠还是穴居兽的通名，如貂鼠、獾鼠等都属于鼠。后来字义缩小，专门指老鼠，体小尾巴长，毛褐色或黑色，门牙发达，经常破坏器物，偷吃食物，还会传播疾病，给人类带来灾难。

古代，鼠名声不太好，都说它是盗窃之虫。《汉书・五行志》载："鼠，盗窃小虫，夜出昼匿。"《广韵・语韵》曰："鼠，小兽名，善为盗。"老鼠晚上出来，白天躲起来，是会偷东西的小动物。与"鼠"字有关的成语典故很多，如过街老鼠、胆小如鼠、獐头鼠目、贼眉鼠眼、投鼠忌器、鼠目寸光、梧鼠技穷、首鼠两端、鼠肚鸡肠、鼠雀之辈、鼠窃狗盗等，大多是贬义的。但是民俗文化中，老鼠有时却是一种喜庆的动物，它可以是多子多孙、招财进宝、有情有义的象征。民间的剪纸、泥塑、木雕、童谣中，老鼠也是那么可爱、机灵、调皮有趣。

▲ 现代・溥儒《鼠》

在十二生肖中，鼠居于首位。这是因为鼠是阴阳兼有的动物，它的前足是四爪，偶数属阴；后足有五爪，奇数属阳，所以鼠是一身而阴阳具备。而地支的子时也是跨阴阳的，从晚上十一点到凌晨一点，正好夜晚为阴，凌晨为阳，

阴阳兼备，而且老鼠也是在子时活动频繁，精力充沛。所以子鼠虽小，却能在十二生肖中排首位。

牛，甲骨文作，金文作，小篆作。

甲骨文、金文的“牛”是象形字。《说文解字·牛部》曰：“牛，大牲也……象角头三，封尾之形。”段玉裁注解说，这个字的上面突出的是牛角与头而成三，“封”指的是中间那一画，表示牛肩胛高起之处，尾巴是直画下垂部分。

“牛”在汉字的构形中，经常作为形旁，《说文解字》牛部收集了40多个字大都与牛有关。其中有20多个字表示牛的名称，如牡（公牛）、犊（小牛）、牦（长毛短腿的牛）、牻（黑白毛色相杂的牛）、犉（黑唇的黄牛）、犏（公黄牛与母牦牛交配生下的第一代杂种牛）、牸（本指母牛，也泛指雌性牲畜）、犎（一种颈背隆起的野牛）等。还有“特”与牛也有关。“特”的本义为公牛，后来引申为男性配偶，又引申为杰出人才。

牛被驯养的历史已经有六七千年，仰韶文化与河姆渡文化遗址中都有黄牛或水牛的骨骼出土。夏商周三代对牛的颜色与不同用途有规定，用于祭祀和用于军事的牛是不同的品种。牛是大牲口，历代帝王凡有重大祭祀都要用牛来做祭品，如《汉书·五行志》所言：“牛，大畜，祭天尊物也。”牛字旁的“牺牲”两字就是古时候祭祀用牲畜的通称，后引申指为某种崇高的事业而献出生命。

传说牛用来耕田是从后稷的孙子叔均开始的，《山海经》曰：“后稷之孙曰叔均，是始作牛耕。”但多数学者都赞成牛耕起源于春秋时代的说法，如

《国语·晋语》言："宗庙之牺，为畎亩之勤。"意思是原来供宗庙祭祀用的牲畜，现在已经在田里辛勤耕作了。也有学者主张牛耕起源于商代。甲骨文、金文没有"犁"字。《六书通》篆文有"犁"，写作犁。"犁"，用牛做形旁，从牛利声。春秋时期随着农业的发展，人对牛的驾驭技能提高，牛耕渐渐地取代了耜耕。段玉裁《说文解字注》云："犁，耕也。"犁的原型是耒耜，慢慢地进化到犁。

早期的犁是以石、木、骨、铜制成的，到了战国时期，由于冶铁业兴起，出现了铁犁。西周末开始到春秋时期，牛耕渐渐普及，牛在人类生活中扮演了越来越重要的角色。连天地万物的"物"字也与牵牛有关。《说文解字·牛部》曰："物，万物也。牛为大物，天地之数起于牵牛，故从牛，勿声。""物"声旁"勿"兼表义，《甲骨文字典》载："物……勿象耒端剌田起土。"认为声旁"勿"像耒耜尖插进田里翻起土来的形态。郭沫若则认为"勿"就是"犁"的初文。"物"的形旁为"牛"，牛为大物，天地的道数是从牵牛开始，所以"物"可以用来指各种各样的东西。

▲ 唐·韩滉《五牛图》(局部)

春秋战国时期开始有人用与牛有关的字作名字。如《左传·昭公元年》云："令尹命太宰伯州犁对曰。"令尹指的是楚国公子围，当时任楚令尹；伯州犁是太宰，他的名字带"犁"。《论语·雍也》曰："伯牛有疾，子问之。"伯牛指的是孔子的学生，姓冉名耕，字伯牛。这些有身份的人都用犁、牛、耕作

名字，足见牛耕在当时生产生活中的地位。

牛在十二生肖中排名第二，与十二地支中“丑”相配，为“丑牛”。十二时辰中的“丑时”指凌晨一时到三时，也称“牛时”。那个时候是牛最舒服的时候，它吃饱了，可以慢慢反刍。

与“牛”字相关的成语很多，如吴牛喘月、九牛一毛、气冲斗牛、对牛弹琴、汗牛充栋、牛山濯濯、牛刀小试、气壮如牛、泥牛入海、牛鬼蛇神、牛头马面等。

人们赋予牛吃苦耐劳、任劳任怨、憨厚勤劳、不求回报的美好品质，因而，牛也是人们常用来比喻的对象。伟大的文学家鲁迅先生就有“横眉冷对千夫指，俯首甘为孺子牛”的名句。著名画家李可染对牛更是“崇其行，爱其形”，屡屡不厌地画牛，并将自己的画室取名“师牛堂”。

虎，甲骨文作，金文作，小篆作。

“虎”的甲骨文和金文是个象形字，它们都张着血盆大口，虎牙外露，脚爪张开，就是对张牙舞爪、开着大口的老虎形象的描画。小篆字形已少了象形成分，更加趋于符号化，“虎”字下部的卷尾已演变为“几”，与现在的书写很接近了。这也反映了文字由图形向符号化发展的趋势。

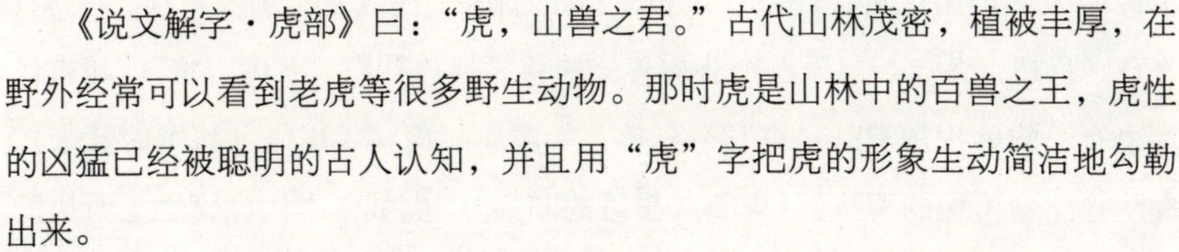

《说文解字·虎部》曰：“虎，山兽之君。”古代山林茂密，植被丰厚，在野外经常可以看到老虎等很多野生动物。那时虎是山林中的百兽之王，虎性的凶猛已经被聪明的古人认知，并且用“虎”字把虎的形象生动简洁地勾勒出来。

▲武松打虎

虎是威猛有力量的象征，作为氏族的图腾，一直受到祖先的崇拜，特别让人有敬畏之感。老虎出没于山林草原，凶猛而又有杀伤力，使大家害怕恐惧，如“虎口”“虎穴”都是表示极其危险的境地，“拦路虎”就是指我们生活中遇到的难以解决的问题。“武松打虎”的故事家喻户晓，捕获老虎要与老虎斗智斗勇，既有力量又勇敢的人才能降伏老虎。崇拜老虎的文化意识已经沉淀在中华民族的传统中。

虎作为十二生肖之一，排行第三，与十二地支“寅”相配，为“寅虎”。“寅时”为凌晨三时到五时，这时的老虎到处觅食，最威猛。

与“虎”字有关的成语很多，如云龙风虎、如虎添翼、龙腾虎跃、虎头虎脑、龙精虎猛、藏龙卧虎、生龙活虎、龙骧虎步、降龙伏虎、虎视眈眈、虎背熊腰、狐假虎威、骑虎难下、畏敌如虎等。你可以从这些成语中看到人们对老虎形象的正面解读：虎具有王者气概，勇猛无畏、威风凛凛，是力量的象征，可以远观不可以靠近。由此，虎便被赋予勇敢无畏的内涵，如形容勇敢的人，会用虎将、虎臣、虎贲这样的词语。在《三国演义》中，关羽、张飞、马超、黄忠、赵云五个骁勇善战的将领就被称作“五虎上将”。与古代军事有关的事物常常以“虎”字冠首，如虎旗、虎将、虎帐（将军的营帐）、虎队（比喻勇猛的军队）、虎骑（勇猛的骑兵）、虎戟（古代虎贲之士所执的戟）、虎符、虎略龙韬、虎超龙骧等。虎符，是古代帝王授予大臣兵权和调发

军队的信物。用玉或铜制作成老虎形状，背上有铭文，分成两半，右半留存中央，地方官吏或统兵将帅持左半。调发军队时，朝廷使臣必须拿虎符右半来验对，两半合一，才能发兵。虎略龙韬，被用来作兵书的代称，也指用兵的谋略。虎超龙骧，用来比喻群雄奋起，互相角逐。虎还可以用来辟邪消灾，如虎画、虎头帽、虎头鞋、虎形旗。

“虎”属于虍部字，“虍”本义为虎皮上的斑纹，作为偏旁部首，古人认为即虎的省文。虍部字即虎部字，有不少与老虎有关。如“虐”，小篆作，《说文解字·虍部》曰：“虐，残也。从虍，虎足反爪人也。”小篆字形从虎、从爪、从人，是用三个字组合成的会意字，会虎抬脚反爪伤人之意，本义为残害、残暴。虔诚的“虔”也是虍部字，本义是虎行走的样子，后来才引申为恭敬而有诚意。另外“彪”与“号”也与虎有关。彪，《说文解字·虎部》曰：“彪，虎文也。从虎，彡象其文也。”其本义是虎身上的斑纹，引申义为文采鲜明。号，繁体字为“號”，《说文解字·号部》曰：“號，呼也。从号，从虎。”“号”是声音比较大的呼叫，因为老虎叫起来声音很大。

兔，甲骨文作，小篆作。

“兔”是象形字，甲骨文有好几个不同写法的“兔”字，虽写法各有差异，但都抓住了它的长耳朵、大眼睛、豁嘴和翘着的小尾巴这些特征。《说文解字·兔部》曰：“兔，兽名。象踞，后其尾形。”许慎应该没有看到兔的甲骨文，他是根据小篆字形分析这个“兔”字，认为字形像兔子蹲坐的样子，后面是它的尾巴形状。

▲ 清·冷枚《梧桐双兔图》

兔子是哺乳类动物，耳朵大而长，上唇中裂，后肢比前肢长，善于奔跑跳跃。中国古代神话传说太阳中有金乌，月亮中有玉兔。“兔”就成了月亮的代名词，古代诗词作品中常用玉兔、兔月、兔轮、兔魄、兔华、兔宫、兔钩等词作为月亮的别称。“金乌飞，玉兔走”，兔走乌飞指的是日月在天空的运行。

《乐府诗集·木兰诗》曰：“雄兔脚扑朔，雌兔眼迷离，双兔傍地走，安能辨我是雌雄?”说雄兔的脚爱扑腾，雌兔的眼睛爱眯缝着，要是雌兔雄兔在地上跑，那就辨别不出来了。含有“兔”字的成语典故也很多，如兔起乌沉、兔死狐悲、守株待兔、兔死狗烹、动如脱兔、东门逐兔、获兔烹狗、狡兔三窟等。

兔起乌沉，指月出日落。兔死狗烹，典出《史记·越王勾践世家》：“范蠡遂去，自齐遗大夫种书曰：‘蜚鸟尽，良弓藏；狡兔死，走狗烹。越王为人长颈鸟喙，可与共患难，不可与共乐。子何不去?’”春秋晚期，大夫范蠡、文种辅佐越王勾践打败了吴王，灭了吴国。之后，范蠡不辞而别。不久他从齐国给文种寄了一封信，信里劝告文种说：“飞鸟打完了，好的弓就收藏起来；野兔抓光弄死了，猎狗就会被主人烹了吃掉。越王只可以共患难，不可

以共安乐，你为什么不离他而去呢?”文种没有听范蠡的话离开，后来果然被勾践赐死。这个成语比喻国君得了天下，就杀害功臣谋士。

兔在十二生肖中排行第四，对应地支中的“卯”，所以叫“卯兔”。兔子的性格是机敏、谨慎、温和、文静。它的警惕性很强，善于保护自己。“狡兔三窟”就是说，狡猾的兔子为了藏身，往往给自己准备好几个窝，这样不易被抓住，比喻藏身处多，便于逃避灾祸。此成语典出《战国策·齐策四》：“狡兔有三窟，仅得免其死耳。今君有一窟，未得高枕而卧也，请为君复凿二窟。”战国时期，齐国相国孟尝君田文派门客冯谖去自己的封地薛邑收债。冯谖到了薛邑，假托孟尝君命令免除百姓所有债务，当场烧掉债券，百姓欢声雷动，感恩叩首。后来孟尝君丢了官职，只好回到薛邑，那里的百姓扶老携幼在路边热情地欢迎他。这时候冯谖对他说了这番话：“狡猾机灵的兔子要有三个洞穴，才能免于一死。现在您只有薛邑一个洞穴，还不能高枕无忧，请让我替您再凿两个洞穴。”后来冯谖出谋划策，果然为孟尝君准备了另外“二窟”，使孟尝君高枕无忧，平安终老。

龙，甲骨文作，金文作，小篆作。

龙在十二生肖中排行第五，与十二地支“辰”相配，为“辰龙”。一天十二时辰中的“辰时”即早上七时到九时，也称“龙时”。龙是古人心目中最为崇拜的神物，也是十二生肖中唯一虚构出来的动物。

《说文解字·龙部》曰：“龙，鳞虫之长。能幽能明，能细能巨，能短能长；春分而登天，秋分而潜渊。从肉，飞之形，童省声。”《说文解字》描述的龙是有鳞甲的动物的首领，变化神异，可以隐身也可以显身，大小长短随意变化。甲骨文、金文的“龙”字像张开大口、身体弯曲而长的动物。小篆字形是“龙”的繁体字“龍”。“龙”的本义是古代传说中一种有鳞片，能呼风唤雨的神异动物。《礼记·礼运》言：“麟、凤、龟、龙，谓之四灵。”龙是古人崇拜的四灵之一，地位很高。刘禹锡《陋室铭》云：“水不在深，有龙则灵。”水不在深浅，有龙才会有灵气。

龙也是一种古老的图腾，约出现于新石器时代后期，是以夏族图腾为主体的虚拟想象物。闻一多《伏羲考》讲到龙时说：“它是一种图腾，并且是只存在于图腾中而不存在于生物界中的一种虚拟的生物，因为它是由许多不同的图腾糅合成的一种综合体。”闻一多认为龙的基调是蛇，龙即大蛇，蛇即小龙。“在当初那众图腾单位林立的时代，内中以蛇图腾为最强大”，蛇氏族兼并别的氏族以后，“吸收了许多别的形形色色的图腾团族，大蛇这才接受了兽类的四脚、马的头、鬣的尾、鹿的角、狗的爪、鱼的鳞和须”，最后大蛇就成为我们现在的龙了，而中华民族就是龙的传人。

在古代，龙一直是被崇拜和神化的动物，古代建筑物上也少不了龙的形象，在封建社会龙还是皇帝的象征，帝王被称作“真龙天子”。秦始皇曾自命祖龙，就连帝王的面容、言行、用物也都要冠以“龙”字。诸如龙体、龙颜、龙步、龙袍、龙宫、龙床、龙椅、龙舆、龙辇等。而与“龙”有关的成语典故更多，如龙腾虎跃、龙飞凤舞、画龙点睛、龙潭虎穴、笔走龙蛇、龙凤呈祥、来龙去脉、卧虎藏龙、降龙伏虎、乘龙快婿、元龙高卧、望子成龙、生龙活虎、龙吟虎啸、痛饮黄龙、车水马龙、二龙戏珠、虎踞龙蟠、矫若游龙、龙马

精神、龙驹凤雏、龙章凤姿、一世龙门、叶公好龙、龙鸣狮吼等。

《周易》有曰："飞龙在天。"总之，龙充满活力与朝气，腾飞永远是龙的精神！

蛇，甲骨文作，金文作，小篆作。

"蛇"的本字是"它"。"它"的甲骨文作，金文作，小篆作，字形像一条蛇。"它"后来被借去做代词，就为本义造新字，在"它"字上加形旁"虫"，成"蛇"字。《说文解字·它部》曰："它，虫也。从虫而长，象冤曲垂尾形。"又说："蛇，它或从虫。""蛇"的小篆字形已经是左右结构，左为虫右为它。

蛇是一种爬行动物，身体圆而细长，无四肢，有鳞，种类很多。蛇在十二生肖中排行第六，与十二地支"巳"相配成"巳蛇"。每天上午九时到十一时为"巳时"，也叫"蛇时"。

蛇是人类比较害怕的动物，因为毒蛇会咬人致命。所以它的象征意义是阴险、狠毒、神秘、冷漠等，带"蛇"字的词语也常常是贬义的，如蛇豕（比喻贪婪残暴之人）、蛇虺（比喻阴险毒辣之人）、佛口蛇心、蛇蝎心肠、蛇盘鬼附、牛鬼蛇神、虚与委蛇等。但是事物都有两面性，蛇也有褒义的象征，如象征吉祥、幸运、财富、长寿、生殖等。如曹操《龟虽寿》曰："神龟虽寿，犹有竟时。螣蛇乘雾，终为土灰。"诗句中提到的神龟与螣蛇都是长寿的动物。中国古代四大民间爱情传说之一的《白蛇传》，描写蛇与人的爱情故事，里面的蛇精白素贞美貌绝世、优雅高贵、纯真善良，为爱情不顾自身安危，有情有义，深受百姓喜爱。

马，甲骨文作，金文作，小篆作。

甲骨文、金文的“马”是个象形字，突出了马的长脸、大眼、鬃毛和尾巴。马是人类很早就驯化的家畜，用于骑行、拉车、耕种等，与人类关系密切。

十二生肖中马排行第七，与十二地支“午”相配为“午马”。“午时”是每天中午十一时到一时，也叫“马时”。这个时辰，太阳当头，阳气升腾，马儿驰骋，一往无前。生肖属马的人，具有勇于挑战自我、一马当先的精神。

以“马”作形旁造的汉字在《说文解字·马部》中共收100多个，如驹（两岁以下的小马）、骠（全身淡黄栗色而鬃尾长毛近白色的马）、骊（黑色的马）、骐（青黑色的马）、骓（毛色苍白相杂的马）、骝（红身黑鬃尾的马）、骍（枣红色的马）、骃（浅黑带白的马）、骢（青白色的马）、騧（黑嘴的黄马）等。马、牛、羊、鸡、狗、猪是古代先祖们最早驯养的六畜，而马为六畜之首。古人对马的熟悉程度与现代人对汽车的熟悉程度一样。汽车有宝马、奔驰、奥迪、宝来等多种车型，马的品种也繁多，而且颜色多样。在古代，马不仅是劳动生产的工具，也

▲ 现代·徐悲鸿《马》

是一种重要的交通工具，那时各驿站之间的联系都是靠马来完成的。唐代诗人杜牧《过华清宫》中的诗句“一骑红尘妃子笑，无人知是荔枝来”，描写的就是飞马运送荔枝的情景。

《说文解字·马部》曰：“骏，马之良材者。”《尔雅》：“骏，大也。”“骏”是体型健壮高大的良马。《说文解字·山部》曰：“峻，高也。”山势高大叫“峻”。《说文解字·人部》曰：“俊，材千人也。”才智超过千人为“俊”，指有大才能的人。骏、峻、俊是同源字，因声旁语源义相同作为命名理据。

▲ 昭陵六骏石雕之一

马是战场上建功立业少不了的战具。唐太宗李世民墓中的昭陵六骏浮雕石刻，栩栩如生地刻画出他曾经骑过的六匹战马，那都是一等一的高大骏马。其他非常有名的战马还有关羽的坐骑赤兔、项羽的爱马乌骓、刘备的宝马的卢、曹操的良马绝影等。与战争有关的“马”字成语有不少，如千军万马、汗马功劳、秣马厉兵、单枪匹马、鞍马劳顿、兵荒马乱、金戈铁马、马革裹尸、戎马一生、马首是瞻、人仰马翻、横戈跃马、兵强马壮等。

其他与“马”有关的成语也不少，如天马行空、车水马龙、万马奔腾、犬马之劳、宝马香车、马不停蹄、快马加鞭、龙马精神、脱缰之马、驷马难追、马到成功、一马平川、马放南山、龙神马壮、信马由缰、倚马可待等。你可以看到，马儿在人们心目中的形象多半是正面的，奔腾向上，让人充满期待。

羊，甲骨文作𐀀，金文作𐀀，小篆作羊。

《说文解字·羊部》曰："羊，祥也。"羊是一种吉祥动物，从"羊"的甲骨文、金文字形看，像羊的头部，一对羊角特别突出。"羊"的小篆字形像羊头、羊角加上尾巴。

羊在古代生活中占有重要地位。上古之人在渔猎时代就熟悉认识了这种温顺可爱的动物。《周礼·夏官》记载，周代专设一个官叫"羊人"，掌管羊牲与用羊祭祀的事。中国古代北方民族羌族崇拜羊图腾，这个民族生存在广阔的草原上，成群的野羊是他们狩猎的对象，捕获后他们把一时吃不了的野羊，圈养起来，变成自己食物的储备，慢慢地把野羊驯化成为家羊。羌族的族号"羌"就属于以羊为形旁的字，羌族的女子多羌姓。据说，黄帝与炎帝在阪泉、涿鹿大战，姜姓后裔被打败后，流散到了南方，这就是现在的苗族、瑶族、侗族。这几个民族与羌族一样崇拜羊图腾。

《说文解字》收羊部字28个，《康熙字典》收羊部字150多个。这些字有些是与羊自身有关的，如咩（羊叫）、羝（公羊）、羚（小羊）等；而有些是有抽象意义的，如"善"，是个会意字，从羊从言。《说文解字·羊部》曰："善，吉也。""善"的本义表示吉祥、美好，引申为良好的行为与品质。确实，羊具有温顺善良、仁义宽厚的美德，所以"善"用"羊"做形旁。又如"美"，《说文解字·羊部》言："美，甘也。从羊，从大。羊在六畜主给膳也。"羊大则肥美，"美"首先是从五味开始的，味道可口是它的本义，由此引申为漂亮、景物佳胜、完美等义。

每当羊年到来时，开年祝辞总会有"三羊开泰"，这个说法也来自阴阳观念，与《周易》的泰卦有关。泰卦是三条虚线在上，三条实线在下。实线表示阳，虚线表示阴，泰表示通。实线在下，阳气轻清往上；虚线在上，阴气重浊往下，阴阳二气交感，万物欣欣向荣。按《周易》的说法，十一月是复卦，一阳生于下；十二月是临卦，二阳生于下；正月是泰卦，三阳生于下，表示大地回春，阳盛阴衰，有吉祥安泰的征兆。《宋志·乐志七》曰：“三阳交泰，日新惟良。”“羊”与“阳”谐音，所以叫作“三羊开泰”。

▲ 清·郎世宁《开泰图》

羊在十二生肖中居于第八位，与十二地支“未”相配，为“未羊”。十二时辰中的“未时”也叫“羊时”，指午后一时到三时。

猴，甲骨文作，小篆作。

“猴”是形声字，从犬侯声，甲骨文字形像一只蹲在地上的猴子形象，小篆字形可明显看出左边部分为一个“犬”字，右边部分则是表音的“侯”。其本义指猴子，哺乳动物，外形像人，行动灵活，口腔里有储存食物的颊囊。

猴子机灵、善攀援，与猿同类，在十二生肖中排名第九，与十二地支“申”相配，为

“申猴”。“申时”为下午三时到五时，此时猴子比较兴奋。如明代李长卿在《松霞馆赘言》中所言：“申时，日落而猿啼，且伸臂也，譬之气数，将乱则狂作横行，故申属猴。”《山海经》说夸父是一只猿猴，可能也是图腾崇拜。对猿、猴，古人不会像现代生物学一样分得那么清楚，所以生肖猴的起源，与猴、猿都有关系。

▲ 现代·蔡铣《荣膺封侯》

中国古代文学作品中有不少猿猴的形象，最著名的是唐代来自天竺印度神话故事的猴子哈奴曼，这就是《西游记》中孙悟空的原型，七十二般变化，力大无比，机智灵活，勇敢忠诚。

猴的形象在民间一直都不错，百姓把猴看成可以招财纳福的形象。“猴”字的读音与“侯”同，猴子骑马寓意马上封侯。还有猴年年画中，有一幅大猴背小猴且边上飞着一只蜜蜂的图，用谐音表示“辈辈封侯”，也即寓意官运亨通，世世代代都能得高官厚禄的意思。祝寿画中，猴子献寿的题材经久不衰，猴子捧着仙桃的画面，是许多画家笔下的题材，如齐白石的《吉猴献寿》图，就是一幅佳作。

带“猴”字的成语不多，如猴年马月、杀鸡儆猴、沐猴而冠、尖嘴猴腮、轩鹤冠猴等。

鸡，甲骨文作，小篆作。

甲骨文的“鸡”是个象形字，像鸡的形状样貌。小篆加了“奚”这个声符，变成了形声字“鷄”。“鷄”是“鸡”的繁体字。不过小篆显示的字形是“鸡”的异体字“雞”，从隹奚声。“隹”是短尾鸟的总称。《说文解字·隹部》曰：“鸡，知时畜也。”鸡是知道时辰的家畜，每天早晨公鸡都会喔喔啼叫报时。明代高启《鸡鸣歌》曰：“北斗城头北斗低，万家梦破一声鸣。”可见在没有钟表的古代，雄鸡报晓是很重要的。

鸡在十二生肖中居于第十位，与十二地支“酉”相配，称“酉鸡”。“酉时”为每天下午的五时到七时，也称“鸡时”。那个时候，夜幕降临，鸡开始归窝。

鸡性格好斗，我国斗鸡习俗在先秦已经形成，汉代出现以斗鸡为题材的文学作品。《汉书·食货志下》记载：“世家子弟富人或斗鸡走狗马，弋猎博戏，乱齐民。”书中讲到汉代世家子弟与富人的不良风气：有的斗鸡、赛狗和赛马，有的玩射猎、赌博，扰乱社会，败坏民心。到了

▲明·周之冕的《竹石雄鸡图》

唐代，皇帝与王公大臣都是斗鸡的拥护者，上行下效，社会中下层也流行斗鸡游戏。斗鸡致富的人也不少，如唐代斗鸡神童贾昌因为善于斗鸡，得到唐玄宗的宠爱，加官进爵，一家人鸡犬升天，以至于当时民谣说：“生儿不用识文字，斗鸡走马胜读书。”诗仙李白也是个斗鸡能手，他在《叙旧赠江阳宰陆调》中写道：“我昔斗鸡徒，连延武陵豪。邀遮相组织，呵吓来煎熬。”诗中回忆他曾是斗鸡之徒，与武陵豪士为斗鸡发生冲突，对方组织一伙亡命之徒，来威胁恐吓他，让他备受煎熬。

与“鸡”字有关的成语典故有闻鸡起舞、呆若木鸡、鹤立鸡群、鸡口牛后等。“呆若木鸡”这个成语，出自《庄子·达生》：“鸡虽有鸣者，已无变矣，望之似木鸡矣，其德全矣。异鸡无敢应者，反走矣。”说周宣王时的纪子善于调驯斗鸡。当斗鸡呈现呆呆的像木鸡的样子时，实际上已经达到精神内敛、威力无比的最佳状态，其他鸡看到就不敢应战，逃之夭夭。可见斗鸡的最高境界是“呆若木鸡”，这个成语与现在我们理解的意思已经有很大的区别了。

狗，小篆作。

“狗”即“犬”，“犬”的甲骨文是，就是一只狗的形象。《说文解字·犬部》曰：“狗，孔子曰：‘狗，叩也。叩气吠以守。’从犬，句声。”孔子说狗是以叫声来守护住地的一种动物。

《礼记·曲礼上》曰：“效犬者左牵之。”这句话

的意思是，敬献狗的要用左手牵着。孔颖达疏：“通而言之，狗、犬通名。若分而言之，则大者为犬，小者为狗。”“狗”的本义为小犬，后来作为狗的通称。《玉篇·犬部》曰：“狗，家畜，以吠守。”《孟子》曰：“鸡豚狗彘之畜，无失其时，七十者可以食肉矣。”

狗是人类驯化较早的一类家畜，大约有15000多年的历史。人类与狗相互友善、相依相伴，人类热爱狗，狗忠诚于人类。狗在人类生活中占有重要的地位，比如人类的两种表情哭与笑，都与犬字旁有关。哭，从吅从犬，表示两只狗用嘴撕咬，败犬哀号而走。《说文解字·哭部》曰：“哭，哀声也。”哭，本义是狗的哀号，引申为声泪俱下的哭。笑，原本从竹从犬。不过《说文解字》中居然没有收“笑”字，北宋古文字学家徐铉整理时加了注：“孙愐《唐韵》引《说文解字》云：‘笑，喜也，从竹从犬。’”“笑”的本义就是因喜悦而开颜。《增韵·笑韵》曰：“笑，喜而解颜启齿也。”后来唐代李阳冰刊定《说文解字》时才从竹从夭，义云：“竹得风，其体夭屈如人之笑。”

▲清·郎世宁《十骏犬图》之一

从汉字的发展来看，我们可以看到，人对许多野生动物的了解，是以狗为参照物的，汉语中很多动物的名称属于犬字部，如狐狸、刺猬、狸猫、犰狳、猕猴、猩猩、狒狒、狍子、猞猁、猛犸（古哺乳动物，即长毛象）、犺（健壮的狗）、狮、狼、猪、猿、獐、猱、獭、獾等。还有中国古代传说中的神兽狴犴，龙所生的第七子，形体像虎，有威力，所以古代常把狴犴的形象画在官衙大堂两侧或牢狱门上。

汉族有神话“天狗吃月”，古代南方民族有狗图腾，藏族、瑶族、畲族、苗族不同程度地存在狗崇拜。狗成为十二生肖之一不是偶然的，因为它与人的生活结合得太密切了。

“戌时方夜，而犬则司夜之物也，故戌属犬。”“戌时”指晚上七点到九点，此时狗主管夜间的巡逻，所以狗与十二地支“戌”相配，称“戌狗”。

常用的含“狗”字的成语有狗尾续貂、狗急跳墙、狗苟蝇营、狗胆包天、狗仗人势、狗屁不通、狗彘不如等。

猪，小篆作。

“猪”的小篆为“豬”字，是它的繁体字，从豕者声，后来变成从犬者声。“豬”字的形旁是“豕”。“豕”就是猪，甲骨文作，金文作，小篆作。可以看到甲骨文的“豕”是个象形字，像猪的形状，胖胖的身体、大耳朵、大鼻子，尾巴翘起来。

“豕”字造字在“豬”之前，“豬”来源于北方方言，何承天《纂文》载：“梁州以豕为豬。”后来才成为通语。古代“豬”在各地方言中称呼不同。如西汉扬雄《方言》载：“豬，北燕朝鲜之间谓之豭，关东西或谓之彘。”豭、彘都是指猪，只是每个地方的叫法不一样。成语“狗彘不如”，就是形容品行卑劣到连猪狗都不如的程度。

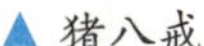
▲ 猪八戒

根据考古学与遗传学的研究成果可知，中国的家猪是古代猪类的直系后代，早在10000年以前就已经被驯化。河南贾湖遗址出土的猪骨骼化石距今约有9000年历史，在黄河流域、长江流域，距今四五千年的文化遗址中也都有家猪的骨骼出土。猪被驯化成为家畜后，与人的关系密切。家庭的“家”字是个会意字，从“豕”在“宀”下，形旁“宀”的意思是房屋，古人定居下来后，就在家里养猪，猪是他们的主要财产。

十二生肖中猪排名最后，与十二地支“亥”相配，称“亥猪”。“亥时”是晚上九时至十一时，即“猪时”。这是猪正酣睡的时辰。

图书在版编目(CIP)数据

老祖宗说汉字 / 严军著. —杭州 : 浙江古籍出版社, 2017.8

ISBN 978-7-5540-1076-1

Ⅰ. ①老… Ⅱ. ①严… Ⅲ. ①汉字-通俗读物 Ⅳ. ①H12-49

中国版本图书馆CIP数据核字(2017)第183993号

老祖宗说汉字

严军 著

出版发行 浙江古籍出版社
(杭州市体育场路347号 电话:0571-85068292)
网 址 www.zjguji.com
责任编辑 陈临士
文字编辑 张顺洁
责任校对 余 宏 吴颖胤
封面设计 刘 欣
老祖宗形象设计 上海士曦文化传播有限公司
责任印务 楼浩凯
照 排 杭州兴邦电子印务有限公司
印 刷 杭州富阳美术印刷有限公司
开 本 710mm×1000mm 1/16
印 张 16.25
字 数 300千字
版 次 2017年8月第1版
印 次 2017年8月第1次印刷
书 号 ISBN 978-7-5540-1076-1
定 价 32.00元